DURCHDRINGUNG ALS BEDINGUNG

DURCHDRINGUNG ALS BEDINGUNG

QUART

Hochschule Luzern – Technik & Architektur
Johannes Käferstein, Dieter Geissbühler

Wenn sich Hochschullehrende aus der Berufstätigkeit zurückziehen, spricht man (in der universitären Welt) von Emeritierung. Emeritierung ist nicht gleichbedeutend mit Pensionierung. Hochschulprofessoren wurden früher auf Lebenszeit berufen. Als Emeritus befanden sie sich dann im Teilruhestand, das heisst, sie konnten weiter tätig sein, durften sich aber von den Alltagspflichten zurückziehen. Obwohl der Wechsel in der heutigen Welt wesentlich profaner vonstattengeht, darf man bei Dieter Geissbühler von ebendiesem akademischen Verständnis des Ruhestandes ausgehen. Er wird ganz bestimmt weiterhin als Architekt und Forscher aktiv sein und sich mit den aktuellen Fragen des Bauens und der Gestaltung des Lebensraumes befassen.

Im September 2000 trat Dieter Geissbühler seine Professur an der HTA, der heutigen Hochschule Luzern – Technik & Architektur, an. In den seither vergangenen 20 Jahren wirkte er in Lehre und Forschung aktiv mit und vermochte verschiedene wichtige Entwicklungen massgeblich zu prägen. Ein wichtiges Anliegen war ihm das interdisziplinäre Arbeiten, das Architekten und Ingenieuren eine gemeinsame Verantwortung für das gebaute Werk überträgt und zu neuen (zeitgemässen) Formen der Zusammenarbeit in der Planung führt. Ein weiteres Schwerpunktthema seiner Tätigkeit war die Materialität, die umsichtige Materialwahl und das sorgfältige Zusammenfügen von Werkstoffen und Bauteilen zu einem stimmigen Ganzen, dem Bauwerk.

Das vorliegende Buch trägt den Titel *Durchdringung als Bedingung*. Folgerichtig geht es in den Texten (eher) um das physische Durchdringen, um das Öffnen, das in der Architektur immer eine zentrale Bedeutung hat und für die Definition und Wahrnehmung von Raum eine Bedingung darstellt.

Der Titel kann aber auch im übertragenen Sinn verstanden werden. Die erfolgreiche Umsetzung von Interdisziplinarität und Materialität in der Planungs- und Baupraxis setzt bei jeder neuen Fragestellung eine tief greifende gedankliche Durchdringung voraus. Diese Anforderung ist hoch, bedingt sie doch, dass sich Architekten und Ingenieure stets gut informiert halten und bei der Lösungsfindung aktiv einbringen – und für genau diese Art der Beteiligung tritt Dieter Geissbühler ein. Die Hochschule und die Kollegen hoffen, dass er diesem Weg treu bleibt und weiterhin spannende Beiträge zu beiden Welten, der geschriebenen und der gebauten, beisteuert.

Viktor Sigrist

«Wir finden Gefallen an der Fortbewegung unseres Körpers auf der unebenen Oberfläche der Erde, und unser Geist freut sich über das wechselseitige Spiel der drei Dimensionen, das wir mit jedem Schritt erleben [...]»[1]

[1] Pikionis 1993, S. 25.

←
Romont, Schlossinnenhof, Auflager

DURCHDRINGUNG ALS BEDINGUNG

ZWEIFEL ALS TRIEBFEDER

Am Anfang dieses Projektes, der «Konstruktion» eines Buches, steht für mich die Gewissheit, dass der Zweifel seit jeher die zentrale Triebfeder sowohl in der architektonischen Praxis als auch in der Lehrtätigkeit war und bleiben wird – Zweifel, die schon in den eigenen Vorbildern enthalten sind. So ging ich für dieses Buch noch einmal in München den Weg von der Alten Pinakothek zum Olympiastadion ab, der mich 1971 bei meiner Studienwahl wohl endgültig zur Architektur gebracht hatte. Von der architektonischen Sensibilität Franz Döllgasts zum überschwänglichen Zelebrieren einer freien Form als Zeichen einer äusserst optimistisch gestimmten Zeit, vom architektonischen Detail zur umfassenden topografischen Modulation eines öffentlichen Raumes, von einer engagierten, aber nicht nostalgischen Haltung gegenüber dem historischen Bestand zur völlig von Traditionalismen gelösten, freien Denkweise: Das sind Gegensätze die fast nicht grösser sein könnten, aber mein Denken und Handeln ist in der Architektur immer in diesem Spannungsfeld verwurzelt geblieben. Referenzen sind damit *Vorbilder* geblieben, die das eigene Schaffen begleitet, aber nicht bestimmt haben. Und diese Vorbilder standen nie einzeln da, sondern immer in Mehrzahl – und sie enthielten die Unschärfe meiner individuellen Deutung. So haben nicht nur die Zweifel die Interpretation immer mehr durchdrungen, sondern die Erweiterung des Wissens- und Erfahrungshorizontes hat die Bezüge komplexer werden lassen.

Ukyo-Ku, Kyoto-Shi

DURCHDRINGUNG ALS BEDINGUNG DER KONSTRUKTION

Mit dem systematischen Nachdenken über die Rolle des Materials im Entwurfsprozess, das durch meine Lehrtätigkeit zum Bereich Architektur & Material im Master in Architektur und die Forschung an der Hochschule Luzern – Technik & Architektur möglich wurde, rückte die Konstruktion als Denkmodell und Methodik ins Zentrum. Das Fügen von Teilen zu einem zusammenhängenden System hat eben nicht nur eine materielle Komponente, sondern vor allem auch eine intellektuelle. Und wie beim Fügen physisch existierender Materialien zeigt sich, dass das Nachdenken über die Wechselwirkung der Teile zentraler ist als das Wissen über das Einzelteil selbst. Stellvertretend für diese Erkenntnis steht der Titel des Buches: *Durchdringung als Bedingung*.

Walter Bieler, Huber & Partner AG, Reto Zindel, Zürichsee-Steg, 2000–2001

←

Tschuppert Architekten und Geissbühler Venschott Architekten, Überbauung Winterberg Altdorf, Aufgang Tiefgarage, 2013–2020

Das vorliegende Buch versucht, in sich selbst diese Durchdringung abzubilden. Dazu leisten die Texte einiger Kolleginnen und Kollegen – sie haben mich insbesondere durch meine Lehrtätigkeit begleitet – einen wichtigen Beitrag. Sie fügen meinen persönlichen Gedanken weitere wichtige Referenzen hinzu – Referenzen, die mich vor allem aufgrund ihrer Denkweisen berühren. Entsprechend folgt der Text dieses Buches keiner linearen Abfolge. Vielmehr haben wir es mit Gedankensplittern zu tun, die im Raum stehen und es dem Lesenden ermöglichen, sich eine ganz eigene Gedankenwelt zu bilden. Meine Beiträge dienen vor allem als Netz, das einen durchaus vagen Zusammenhalt aufzeigt.

Claude-Nicola Ledoux, Königliche Salinen, Arc-et-Senan, 1779

Im engeren Sinne lässt sich Konstruktion im Bereich der Architektur, des Bauens als Kombinatorik atmosphärisch wirkender Teile umschreiben. Zu fügen, bedeutet in der Architektur vor allem, Durchdringungen zu erzeugen. Und wenn Architektur das Schaffen von Atmosphären ist, dann bedeutet dies, dass die Konstruktion eine Verbindung schafft: Sie verbindet innere und äussere Atmosphären. Mittels der Durchdringung – gemeint sind sowohl Öffnungen im Sinne von Fenstern und Türen als auch konstruktive Verbindungen von Werkteilen – erfolgt die Vermittlung von Atmosphären. Die Konstruktion ist damit sozusagen eine Vermittlerin von Atmosphären, mit ihr werden atmosphärische Abläufe geschaffen.

DIE FUGE ALS NICHT QUANTIFIZIERBARER BESTANDTEIL DES BAUENS

Durch die Verarbeitung und das Fügen von Materialien mit sich selbst oder mit anderen Materialien erhält das gebaute Konstrukt idealerweise spürbare Tiefe. Dieses Verarbeiten und dieses Fügen steuern die atmosphärische Wirkung der Architektur. Die gestalterische Manipulation mittels architektonischer Formung, konstruktiver Durchwirkung und Artikulation der Wirkweise – auch in Bezug auf die kleinsten Bauteile und ohne Unterscheidung von Konstruktion und Ornament – zielt auf die atmosphärische Wirkung. In diesem Sinne ist neben den raumrelevanten Durchdringungen wie Fenstern und Türen die Fuge – als das Zusammentreffen von Bauteilen – eine wesentliche und äusserst anschauliche Komponente der nicht quantifizierbaren Bestandteile des Bauens. Hier treffen meist zwei Bauteile aufeinander. Die beiden Bauteile sind quantifizierbar und auch in ihrer Wirkung relativ schlüssig beschreibbar. Die Qualität ihrer Wechselwirkung jedoch ist von der Ausbildung der Fuge massgeblich abhängig.

Oftmals sind Fugen materiell nicht existent, sprich als Hohlraum ausgebildet. Sie werden damit zu klassischen Schnittstellen, an denen Wirkungen auftreten, die nicht über Mengen abbildbar sind. Hier muss eine Person auf Basis von Erfahrung und Kenntnis eine Wertung vornehmen – oder aber die Wirkung kann erst mittels meist sehr aufwendiger Versuche quantifiziert werden. So ist heute bei grossen Bauprojekten die Arbeit mit physisch «echten» Mock-ups im Massstab 1:1 unumgänglich. Dies vor allem auch deshalb, weil vielfach noch keine Erfahrung mit den konstruktiven Systemen, die heute zur Anwendung gelangen, vorhanden ist. Bei traditionellen Bauweisen ist dieser Erfahrungshorizont natürlich weiterhin gegeben.

Dies ist auch ein Plädoyer für die Stärkung der Physis der Architektur in Zeiten der Digitalisierung und stellt in Zeiten der Bilderflut und globaler Trendarchitektur das Machen und seinen (Werk-)Stoff in den Mittelpunkt des Entwurfsprozesses.

BAUSTEINE EINER GEDANKLICHEN KONSTRUKTION

Konstruktion[1] kann als die grosse Metapher der geistigen wie der physischen Arbeit gesehen werden. Sie ist der Akt des Fügens von Teilen. Die umfassende Wirkung entsteht aber aus der Interaktion dieser Teile. Sie wird damit zur nicht abschliessend messbaren Grösse, vor allem in Bezug auf die Komplexität eines Bauwerkes. Dabei ist Konstruktion sowohl ein Akt des Denkens wie des physischen Tuns. In der Architektur wird sie zu oft als technische Methode verstanden, die den Herstellungsprozess systematisch darstellen will. Grundsätzlicher ist Konstruktion vielmehr der Prozess des Zusammenbringens unterschiedlicher Aspekte, vom Programm über topografische Gegebenheiten, von der Beherrschung der Schwerkraft bis zu Werkstoffen. In diesem Sinne ist der Prozess des Entwerfens eine konstruktive Handlungsweise, die eine äusserst resultatoffene, hochkomplexe Ausgangslage zum Konstrukt im Sinne der realisierten Baute werden lässt.

1

Die folgenden Gedanken sind in angepasster Form einem Text entnommen, der für eine Publikation zu Ehren von Professor Dr. Joseph Schwartz geschrieben wurde.

MATERIAL UND LANDSCHAFT

«Eine Landschaft ist wie das Schiff des Argonauten,
das durch ständigen Ersatz seiner Bestandteile
über Jahrhunderte hinweg erhalten blieb, oder wie
der Schrein von Ise, der alle 20 Jahre abgerissen
und neu errichtet wird: es bleibt zwar kein Stück
als solches erhalten, aber das Ganze bleibt
bestehen. Unnötig, zu meckern: ‹Die Materie
verliert sich und die Form überdauert.›
Um noch besser zu zeigen, dass eine Landschaft
keine Gegebenheit der Natur ist, sondern
Ausdruck der Beziehung zu dieser und damit ein
kulturelles Phänomen […]»[1]

Und es wäre zu ergänzen, dass in der Landschaft, nicht wie beim Schrein von Ise,
wo die «Ersatzteile» möglichst gleich sind, durchaus auch radikale Veränderungen
passieren und damit auch ein massgebender Bedeutungswandel auftreten kann.
Zudem wird die Landschaft andauernd von neuen Schichten bedeckt.

[1]
Corboz 1991, S. 147.

←
Brunnen SZ, Mositunnel,
Portal Süd

LANDSCHAFT – SPUREN, WUNDEN UND NARBEN

Landschaft ist ein Konstrukt des Menschen, sie ist sedimentiert und damit vielschichtig, sie ist in dauernder Veränderung begriffen, der analoge Rahmen der menschlichen Existenz.

Landschaft kann auf die Architektur bezogen nur als offenes System verstanden werden, das heisst, analog dem in der Biologie gebräuchlichen Verständnis eines ständigen «Stoff- und Energieaustausches»[2] ist sie eine instabile Bezugsebene, auf die sich architektonisches Entwerfen beziehen muss. Landschaft kann so als kollektiver Text verstanden werden, welcher durch eine Vielzahl von Autoren in unterschiedlichen Zeiten entstanden und in andauernder weiterer Entstehung begriffen ist. So steht jeder «bauliche» Eingriff, sei dies das Bestellen des Bodens oder das Erstellen eines Bauwerkes, in einem spezifischen Verhältnis zu diesem umfassenden Gesamttext. Und wäre die Landschaft tatsächlich das Paradies, dann würde wohl Jorge Luis Borges' berühmtes Zitat «Ich habe mir das Paradies immer als eine Art Bibliothek vorgestellt»[3] zutreffen. Wir könnten uns die Bücher zu Gemüte führen, die wir uns aussuchen. Nur sind diese Textstellen der Landschaft keine Bücher und damit keine abgeschlossenen Geschichten, sondern Fragmente in scheinbar zufälliger Zuordnung.

Die Fragmente, welche eine Landschaft bilden, offenbaren sich uns meist als Spuren, als «hinweisgebende Hinterlassenschaft»[4]. Aus diesem Erbe lassen sich Bezüge aufbauen, in denen Bauwerke in eine bewusste Beziehung zur Landschaft treten können und damit einer Kultur Bedeutung verleihen. Zentral aber ist für das Entwerfen auch der Umstand, dass hier jede Spur eine unvollständige Erklärung liefert, das heisst, dass für einen architektonischen Eingriff immer ein Interpretationsspielraum vorhanden ist. Der Entwerfer als Autor hat in diesen Spielraum sein Projekt in Bezug auf eine spekulative Deutung einer zukünftigen Realität zu formulieren. Die Spur hinterlässt so kaum mehr als eine Ahnung, eine Ahnung aber, die den entwerferischen Prozess massgeblich leitet; eine Ahnung auch, die nicht als Bauchgefühl missverstanden werden darf, sondern die vorab die Reflexion im Zyklus des Entwurfsprozesses mitträgt.

2
https://de.wikipedia.org/wiki/
Offenes_System (letzter Aufruf:
13.05.2020).

3
Borges 1992, S. 188.

4
https://de.wiktionary.org/wiki/ᴄʌɪᴀ
(letzter Aufruf: 13.05.2020).

Hohnegg ob Sarnen, Blick
Richtung Brünig

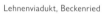
Lehnenviadukt, Beckenried

Verletzungen der Oberfläche hinterlassen Wunden[5], das heisst Störungen einer quasi-homogenen Kontinuität. Mit dem Heilungsprozess wird diese Kontinuität zwar wieder – wenn auch meist nicht vollständig – gewährleistet, aber ohne, dass die Erkennbarkeit des Eingriffes verschwindet.

VIERWALDSTÄTTERSEE – EINE ARCHÄOLOGIE DER NARRATIVE

Der Vierwaldstättersee ist eine emblematische Landschaft von internationaler Bedeutung. Dies basiert auf dem Umstand, dass diese Landschaft, wie kaum eine andere Landschaft der Schweiz und auch Europas, von vielschichtigen bedeutungsgeladenen Ablagerungen geprägt ist. Ihren heutigen «Weltruhm» verdankt sie dem Umstand, dass sie mit der Industrialisierung zur touristischen Ikone geworden ist und diesen Status bis heute uneingeschränkt hat halten können. So weist sie aus kulturhistorischer Ebene eine grosse Ausstrahlung auf, begründet unter anderem mit einer grossen Anzahl von Bildern von Joseph Mallord William Turner,[6] welche in ihrer Zeit (Anfang des 19. Jahrhunderts) beim britischen Establishment grossen Eindruck hinterlassen haben und damit viele Engländer zu ihren Reisen in die Schweiz (dabei vor allem an den Vierwaldstättersee und ins Berner Oberland) verleitet haben. Daneben ist der See aber auch für das Selbstverständnis des Schweizers eine zentrale Bezugsgrösse. Dabei fasziniert das Pendeln zwischen Mythos und Realität, nicht nur bei seiner Ikone, dem Rütli.

5
«Eine Wunde (von althochdeutsch wunte ‹Wunde›, ‹Schlag›, ‹Verletzung›, wie lateinisch *vulnus* von indogermanisch *wen*, ‹leiden› […] griechisch trauma) ist ein Defekt des schützenden Deckgewebes (Trennung des Gewebszusammenhangs) an äußeren (Haut) oder inneren (Schleimhaut) Körperoberflächen mit oder ohne Gewebsverlust. Zumeist ist sie durch äußere Gewalt verursacht, kann aber auch alleinige Folge einer Krankheit sein, wie als Geschwür (Ulkus). […] Bei psychischer Schädigung wird umgangssprachlich im weiteren Sinn von einer psychischen Wunde, einem seelischen *Trauma* oder einer psychischen Narbe gesprochen (siehe Trauma (Psychologie)).» https://de.wikipedia.org/wiki/ Wunde (letzter Aufruf: 23.05.2020).

6
Ausstellung im Kunstmuseum Luzern im Herbst 2019: *Turner – das Meer und die Alpen.*

Und auch diese stand schon in einer Tradition. So zeichnete 1479 Albrecht von Bonstetten, Dekan des Klosters Einsiedeln, eine Karte der Schweiz mit der Rigi im Zentrum – ein zwar religiöses «Weltbild», aber in einer Zeit, in der die Religion gesellschaftsprägend war, auch ein Zeichen für einen hohen Stellenwert in der öffentlichen Wahrnehmung. Die Rigi war denn auch Magnet für einen starken, durch die Religion getriebenen vorindustriellen Tourismus. Das Pilgerwesen, wenn auch weit verzweigt, machte einige bedeutungsschwangere «Kraftorte» an der und um die Rigi zu vielbesuchten Zielen.

Albrecht von Bonstetten, Karte der Eidgenossenschaft

Aber über diese fast schon mystischen und vor allem dominanten Bedeutungszuschreibungen hinaus findet sich in Bezug auf den Vierwaldstättersee eine vielschichtige Ablagerung von Geschichten, die zu einer stetigen Erneuerung des Landschaftsbildes beigetragen haben. Diese Geschichten sind denn auch wirkliche Narrative, also «sinnstiftende Erzählungen»[7], die «Werte und Emotionen»[8] transportieren und damit eine umfassendere Daseinsberechtigung erhalten.

Dem Territorium Vierwaldstättersee lassen sich unzählige Narrative zuordnen und es gibt dazu schon eine ganze Reihe aussagekräftiger Texte, in grossen Teilen zu einzelnen Schichten, eher weniger zu deren Überlagerungen. Aus der Sicht der Architektur und übergeordnet bezogen auf eine umfassende baukulturelle Betrachtung ist nun nicht das einzelne Narrativ interessant, sondern im Sinne des Palimpsestes die Durchdringung verschiedener Schichten, das Weiterwirken einzelner Aspekte unterschiedlicher Schichten. Zur Wechselwirkung dieser Schichten ist sicher der Text von André Corboz im Buch *Von Morschach bis Brunnen – Weg der Schweiz. Die Genfer Strecke* aus dem Jahr 1991[9] ein wertvoller Einstieg. Der Untertitel des Artikels «Entlang des Wegs» lautet: «das Territorium, seine Schichten und seine Mehrdeutigkeit». Damit sind einige zentrale Begriffe genannt, welche die Auseinandersetzung mit Landschaft per se prägen: eine territoriale Betrachtung, die unterschiedlichen Narrative der sich überlagernden Schichten und daraus folgend eine Mehrdeutigkeit der Lesart dieser Überlagerungen. Die Narrative bei Corboz beginnen bei der «Arbeit der Gletscher» mit den Findlingen; sie handeln vom Wandel der Fauna – von der einst vorherrschenden Buche zur Fichte als schnellwachsendem Bauholz; von den klimatischen

7
«Als Narrativ wird seit den 1990er Jahren eine sinnstiftende Erzählung bezeichnet, die Einfluss hat auf die Art, wie die Umwelt wahrgenommen wird. Es transportiert Werte und Emotionen, […] ist in der Regel auf einen Nationalstaat oder ein bestimmtes Kulturareal bezogen und unterliegt dem zeitlichen Wandel. In diesem Sinne sind Narrative keine beliebigen Geschichten, sondern etablierte Erzählungen, die mit einer Legitimität versehen sind.» https://de.wikipedia.org/wiki/ Narrativ_(Sozialwissenschaften) (letzter Aufruf: 19.05.2020).

8
Ebd.

9
Vgl. Corboz 1991.

Veränderungen – sei es die «kleine Eiszeit» oder die Kälteperiode zwischen 1812 und 1860; von der ethnischen Vielfalt; von den Erfindern der Berge[10] und damit von deren anschliessender Erschliessung für den Tourismus. Sie beschreiben die «saison-bedingte Kolonialisierung» und die Mechanisierung der Berge; und dann behandeln sie natürlich und ausführlich den grossen Mythos über zwei «geweihte Stätten: das Rütli und die Tellskapelle» und die zentrale Figur des Wilhelm Tell als «Freiheitssymbol». Was Corboz hier auf dem doch relativ kurzen Teilstück des Vierwaldstättersees zwischen Morschach und Brunnen via Flüelen und Rütli so lebendig schildert, umfasst jedoch nur einige wenige, aber eben die prägendsten Narrative. Und wenn man sich auf diesen Abschnitt beschränkt, dann finden sich hier noch deutlich mehr Schichten, welche massgebende Narrative in sich tragen. Ohne auf Vollständigkeit zu pochen, seien hier einige kurz erwähnt.

Die religiöse Landschaft, bereits oben mit dem Bezug zur Rigi angesprochen, besitzt mit dem Jakobsweg und dem Abschnitt, der das Kloster Einsiedeln mit Flühli-Ranft verbindet, weitere aufgeladene Zeugnisse: Von Brunnen ging es mit dem Schiff über den See nach Treib, zum historisch bedeutenden Treffpunkt, als das Rütli noch weitgehend unberührt war. Hier hat wohl nicht nur die religiöse Vernetzung stattgefunden, sondern auch der politische Austausch unter den Vertretern der ersten Stände der Urschweiz.

Die Landschaft der Schiffer und der Säumer ist ein sich über die Zeit wandelndes Narrativ, das mindestens für die Schiffer bis heute weitergeschrieben wird. Heute sind die Schiffer dann allenfalls die Windsurfer auf dem Urnersee, die den See nun als Sportgerät bespielen. Ursprünglich natürlich, wie bei Seen durchaus üblich, dienten sie dem Transport von Waren und Menschen.

Flüelen: Dorf von N mit Bristen vom Weg über den Grundbüel-Felsen aus, Viehtransport auf dem Vierwaldstättersee

Noch weniger spezifisch für das Territorium Vierwaldstättersee ist dann aber das Narrativ um die Bauern – ein Narrativ, das in der Verknüpfung mit dem von Corboz angesprochenen Hype um das «Freiheitssymbol» Tell bis zur *Swissness* zum unerschöpflichen Klischee mutiert ist: der Bauer als freiheitsliebender «Wildheuer», der sich die fast unbezwingbare Natur heldengleich untertan macht; der aber auch, und hier mit grossem Einfluss, durch seine Arbeit die Erscheinung der Landschaft prägt. Es ist dieses Bild, das die ursprüngliche Natürlichkeit sozusagen mit dem gepflegten Garten, aber auch mit einem sonnengebräunten Bauernhaus verheiratet hat.

Wildheuen als Verherrlichung des «reinen» Lebens in den Bergen

10
Dazu nennt Corboz die drei Protagonisten Albrecht von Hallers mit seinem Gedicht «Die Alpen», Bénédict de Saussure und Jean-Jacques Rousseau (vgl. ebd.).

Demgegenüber hat es die Geschichte der Nutzung anderer Ressourcen, wie Holz oder Fels etwa, kaum zum «staatstragenden» Narrativ gebracht, auch wenn damit die Erscheinung der Landschaft wohl einschneidender bestimmt wurde. Während die Spuren der Forstwirtschaft einerseits mit der Veränderung vom Mischwald zum Nadelwald grundsätzlich markant sind, bleiben diese ästhetisch eher harmlos. Die sehr feinen Spuren der Bewirtschaftung, vorab in den Schutzwäldern durch die periodisch eingesetzten Seiltransportanlagen, sind nur bei genauem Betrachten von Luftaufnahmen ersichtlich; im alltäglichen Blick sind sie dagegen kaum auszumachen. Demgegenüber steht die stattliche Zahl von Steinbrüchen in Ufernähe. Sie haben markante Narben hinterlassen, die oft als störend bezeichnet werden, die aber andererseits einen «Einblick» in die erstarrten Kräfte des Alpenmassivs ermöglichen.

Steinbrüche bei Fallenbach, Brunnen

Für die Besiedlung interessant sind dann die aus diesen Ressourcennutzungen abgeleiteten Verarbeitungsbetriebe. Die letzten grossen Sägereien entlang des Vierwaldstättersees werden gerade umgenutzt. Es sind Betriebe, die die Gestalt der Siedlungen durch ihre schiere Grösse massgeblich bestimmt und die dominanten Kirchbauten kontrastiert haben – Zeichen einer frühen Industrialisierung. Demgegenüber sind die steinverarbeitenden Unternehmen zunehmend aus den Siedlungen verdrängt worden. So finden sich zwar heute noch einige Überreste einer frühen Zementproduktion, aber markant treten sie dann erst etwas vom See abgewandt, in den Talebenen der Muota oder der Reuss, in Erscheinung. Es sind meist riesige Betongebilde, die mit dem Ausbau der Infrastrukturlinien ihren Anfang genommen haben, heute aber durch globale Entwicklungen zum Teil überflüssig geworden sind.

Sägerei, Greppen

Zementfabrik Hürlimann, Brunnen

Auch wenn das letztere Narrativ direkt mit den Folgen der Industrialisierung verknüpft ist, steht dieses doch den – für den Vierwaldstättersee dominierenden – Narrativen des Tourismus, welche ihren hauptsächlichen Impuls auch in der Industrialisierung haben, gegenüber. Diese sind durch das Idealbild der Landschaft geprägt, das in der touristischen Lesart möglichst ungestört zur Geltung kommen soll. Wichtige Trägerinnen dieser Narrative, insbesondere der damals international vermarkteten, waren die wissenschaftlichen und vor allem die künstlerischen Darstellungen, etwa Hans Conrad Escher von der Linths Darstellungen tektonischer Merkmale unserer Alpen oder Joseph Mallord William Turners ikonografische Bilder.

Für ihn war der Vierwaldstättersee tatsächlich ein Lieblingsmotiv, und über seine Werke dürfte der Drang der wohlhabenden Engländer zum Besuch dieses Ortes massgeblich geweckt worden sein. Hier hat sich dann aber auch eine Wechselwirkung eingestellt: Einerseits wurden die Orte gesucht, um kraftvolle Inszenierungen zu ermöglichen und gleichzeitig gewissen Komfortansprüchen entgegenzukommen; andererseits wurde der verbleibende Rest der Landschaft auf diese Szenografien auch angepasst. So wurden die grossen Hotels zunehmend auf eigentliche Aussichtskanzeln gebaut und die Hotels als herrschaftliche Paläste für eine stattliche Zahl wohlhabender Gästen in der Landschaft inszeniert – Inszenierungen, die für den tatkräftigen Teil der Besucher auch auf den unzähligen Wegen durch die Landschaft und dann auch in teilweise absurden baulichen Interventionen gipfelten.

John Mallord William Turner: *Lake Lucerne: The Bay of Uri from above* Image ID #: N05476. Photo © Tate

Eine Aussichtsplattform auf dem höchsten Punkt der Rigi ist insofern die Faust aufs Auge, oder eben ein Akt des Bewusstmachens. Die wenigstens optisch etwas weniger aufdringliche Inszenierung betrifft den landeseigenen Tourismus: die geweihten Stätten des Ursprungsmythos Schweiz, allen voran die Aufbereitung der Rütliwiese zum magischen Ort. Es ist wahrlich eine Meisterleistung, aus einem steil abfallenden, kaum zu bewirtschaftenden Hang einen vor Bedeutung triefenden Ort zu machen. Sein Stellenwert wurde schliesslich so hochgepusht, dass er zu Beginn des Zweiten Weltkrieges zum Inbegriff der geistigen Landesverteidigung avancierte. Noch heute, wenn auch spürbar abnehmend, ist diese künstliche Wiese das beliebteste Ziel Schweizer Schulreisen.

Diese zumeist inländische Überflutung ist natürlich durch die umfassende Erschliessung des Territoriums in der zweiten Hälfte des 20. Jahrhunderts erst möglich geworden. Das Auto, aber auch die nun fast flächendeckende Mechanisierung der wichtigen Berggipfel bringt die Masse ohne grosse Anstrengungen an die schönsten Aussichtspunkte. Und auch die nach Fitness strebenden Städter sowie zunehmend die Agglomeriten nutzen die Berge als «Sportgerät», um sich vom Stress der Arbeit zu erholen. Darüber hinaus durchziehen die immer gröber werdenden Verkehrsinfrastrukturbauten als Bestanteil einer zentraler werdenden Alpentransversale das Territorium. Nicht überall ist es gelungen, deren Sichtbarkeit dem touristischen Blick zu entziehen, aber vielleicht ist es ja auch wichtig, dass gerade dem aufmerksamen Gast aus einer scheinbar höheren Zivilisation klargemacht wird, dass auch dieses Territorium durchaus gut vernetzt in das europäische Gefüge eingebettet ist.

Rigi Kulm, 1840

Postkarte vom Rütli mit Blick zu den Mythen

Und schliesslich hat dies alles aber auch dazu beigetragen, dass exponierte Areale als Wohngebiete durch ihre gute Anbindung attraktiv geworden sind. Die Folge ist, dass hier der Wunsch nach Aussicht seitens der Bewohner solcher Häuser mit dem Wunsch nach einer schönen Aussicht seitens der Besucher dieser Landschaft kollidiert. Das Narrativ der «freien Sicht» scheint sich mit dem Überlaufen der Dörfer selbst zu vernichten.

So wird diese «oberflächliche» Archäologie zu den Narrativen des Vierwaldstättersees – gemeint ist nicht das Freilegen einzelner Schichten, sondern sind die Bezüge innerhalb der Schichtungen – zum Palimpsest im Sinne von Corboz: «Aber das archäologische Konzept der Schichtenbildung ist noch nicht die geeignetste Metapher, mit der sich dieses Phänomen der Akkumulation beschreiben liesse. Die meisten dieser Schichten sind sehr dünn und zugleich voller Lücken. Vor allem fügt man ihnen nicht nur etwas hinzu, man löscht vielmehr etwas aus. […] Das ganz mit Spuren und gewaltsam durchgeführten Lektüreversuchen überladene Territorium ähnelt viel eher einem Palimpsest. Um neue Einrichtungen zu schaffen und um bestimmte Ländereien rationaler auszubeuten, kann man ihre Substanz oft unumkehrbar verändern. Aber das Territorium ist keine verlorengegangene Verpackung und auch kein Konsumprodukt, das man ersetzen könnte. Es existiert nur einmal, deshalb muss man es ‹Recyceln›. Man muss den alten Text, den die Menschen dem unersetzlichen Material des Bodens eingeschrieben haben, noch einmal (und mit möglichst grosser Sorgfalt) abkratzen, um ihn mit einem neuen Text überschreiben zu können, der den Erfordernissen der Gegenwart gerecht wird, bevor auch er abgekratzt wird.»[11]

Gersau, Oktober 2018

11
Corboz 2001, S. 164.

Musée Unterlinden, Colmar

ENTWERFEN AUF DER LANDSCHAFT

«…appreciation of the landscape as something that is not
permanent but evanescent, always in the process of becoming
something else.»[12]

Die Stadtfixierung prägt bis heute den Diskurs in der Architektur, auch wenn es
immer wieder wichtige Positionen gegeben hat, die das Saatgut der Architektur
in der Landschaft gesucht haben. Dazu gehören sicher bedeutende städtebauliche
Theorien, allen voran die der Gartenstadt in den Modellen von Ebenezer Howard,
aber auch Frank Lloyd Wrights «Broadacre City».

Als Ausweitung von Aldo Rossis selbstbiografischer Herleitung des Entwurfsprozesses beinhaltet, in der vorgängig beschriebenen Art, die Landschaft auch
einen kollektiven Diskurs, der Mittels der Gravuren der Oberfläche geführt
wird. Beim Zeichnen auf und in dieser Oberfläche werden Aspekte einzelner
«archäologischer» Schichten erkennbar, aber auch die Wechselwirkung unterschiedlicher Schichten. Diese Erkenntnisse sind der stetig sich erweiternde Fundus
entwerferischer Tätigkeit und gleichzeitig der dehnbare Rahmen einer Plausibi-
lisierung der getroffenen architektonischen Entscheide. Entgegen einem Verständnis von Stadt als Basis architektonischer Handlung (und damit noch einmal
Rossis Interpretationen des Entwurfsprozesses ausweitend, wie sie im Buch *Die
Architektur der Stadt*[13] grundlegend dargestellt ist) entzieht sich der Versuch der
Zuordnung des architektonischen Entwerfens einem umfassenden Landschafts-
verständnis, einer Selbstreferenzierung. Dazu ist Landschaft eine zu «instabile»
und nie in ihrem vollen Umfang erkennbare Entität. Sobald wir in ihr Gewiss-
heiten zu erkennen glauben, erahnen wir meist auch schon die Widersprüche.
Das heisst, jede Schlussfolgerung bleibt eine Abwägung.

Ute Guzzoni bringt das in einer treffenden Beschreibung landschaftlichen
Denkens auf den Punkt: «[…] wie es das erfährt, was ihm auf seinem Weg begegnet, wie es das sieht, was sich ihm von seinem jeweiligen Gang und Stand aus
in der Nähe oder Ferne zeigt, nämlich als Etwas der Landschaft um ihn herum
Zugehöriges, einer Landschaft, von der er selbst ein Teil oder Moment ist.»[14]

12
John Szarkowski über Ansel
Adams, in: Ansel Adams. A
Documentary Film. Produziert
von Ric Burns und Marilyn Ness.
Sierra Club and Steeplechase
Films Inc., 2002.

13
Rossi 1973.

14
Guzzoni 1990, S. 34f.

Ein entwerferisches Denken, das in einem solchen Verständnis von Landschaft verwurzelt ist, wie es interessanterweise auch das «Landschaftskonzept Schweiz» des Bundes umschreibt,[15] bleibt einerseits weniger eingebunden in gängige Interpretationen einer breiten Öffentlichkeit; andererseits ist es aber auch in sich flexibler, weil die Landschaft per se kaum hierarchische Strukturen aufweist. Durch die Überlagerungen verschiedenster Belange treten permanent sich ändernde Konstellationen von Zuordnungen auf. In diesem Sinne ist es nicht erstaunlich, dass der heutige Architekturdiskurs die Stadt auf die Landschaft auszuweiten versucht. Allerdings bleibt festzuhalten, dass die meisten aktuellen Positionen, so etwa jene von Rem Koolhaas oder jene des ETH Studio Basel, die Blickrichtung noch nicht wirklich umkehren konnten. Ein Blick aus der Landschaft auf die Stadt und damit auf die Architektur – damit einhergehend das Akzeptieren einer latenten Instabilität – würde einige Prämissen radikal infrage stellen, so etwa die Einordnung in traditionell oder avantgardistisch, die weiterhin prägende Konzentration auf Zentrumsbildung, aber auch die Prämissen in Bezug auf Lebens- und Wirtschaftsformen.

Albignia

Gerade in der Lehre, mit der ihr eigenem Freiraum, kann ein Entwerfen aus der Landschaft heraus Denkanstösse bezüglich einer Programmierung der Architektur liefern, die sich jenseits marktkonformer Standardtypologien bewegen. Ein solches Vorgehen öffnet den Blick und schafft es gleichzeitig, der architektonischen Kernkompetenz – einer spekulativen Recherche[16] im Entwurfsprozess – eine weiterreichende Rechtfertigung zu liefern.

Landschaft bildet für den entwerfenden Architekten die Haut, auf der sich Bauwerke einzunisten versuchen. Er sucht die tektonische Verwerfung, die Sedimentierung, die Bearbeitungsspuren der Landwirtschaft, die Strukturierungen der Erschliessung, aber auch die Spuren der Besiedlung als Rapport. So ist die Landschaft für den entwerfenden Architekten immer schon ein Artefakt – und Architektur darum stets implizit ein Weiterbauen.

15
«Landschaften wandeln sich stetig, sei dies aufgrund natürlicher Prozesse, klimatischer Änderungen, menschlicher Nutzungen und Eingriffe oder einer sich verändernden Wahrnehmung und Bewertung durch die Bevölkerung. Damit wird Landschaft zum Spiegel naturgeschichtlicher und kultureller Entwicklungen eines Gebietes. Sie umfasst die räumlichen Aspekte der Baukultur und der Biodiversität, insbesondere die Vielfalt der wertvollen natürlichen und naturnahen Lebensräume mit ihren Arten und ihrer räumlichen Vernetzung (Ökologische Infrastruktur). Vielfalt, Eigenart und Schönheit der Landschaft werden durch diese natürlichen und kulturellen Werte grundlegend geprägt.» Bundesamt 2020, S. 12.

16
Die spekulative Recherche verknüpft eine ergebnisoffene Spekulation innerhalb eines Denkansatzes, sozusagen der Idee, mit einer systematischen und nachvollziehbaren Reflexion. Das bedeutet, dass ganz bewusst von gängigen Denkschemen abgewichen werden soll, um dann dieses Ungewohnte in Bezug auf eine Interpretation einer möglichen Zukunft auf den Prüfstand zu stellen. Das bedeutet aber auch, dass der Entwurfsprozess sich immer auch mit einer Mehrzahl von Lösungsvorschlägen beschäftigt, welche gleich gewichtet im Prozess ihren Platz finden müssen.

Jean Nouvel, Kunst- und Kongresshaus Luzern, 1995–2000

ÁLVARO SIZA: IMPLANTAÇÃO – ÜBER DAS EINBETTEN EINES PROJEKTS IN SEINE UMGEBUNG
Andrea Kuhn und Daniel Tschuppert

Alvaro Siza, Banco Borges (Skizze)

«Das Lernen – der Erwerb der Fähigkeit, ständig zu lernen – beruht
meiner Meinung nach immer noch auf dem Zeichnen – auf
der Fähigkeit zu sehen, zu verstehen, auszudrücken – und auf der
Geschichte – im Sinne des Sichbewusstwerdens der entstehenden
Gegenwart. Das Bauen zu lernen – die Fähigkeit zu erwerben, mit
anderen zu bauen – ist von der Architektur nicht zu trennen, denn
es darf keine unterschiedlichen Disziplinen gegen, nur die Überein-
stimmung, die ständige Erkenntnis der Tatsache, dass kein kreativer
Akt von der Materialität des Geschehens getrennt werden kann.»[17]

Álvaro Siza und die Schule von Porto prägen seit Generationen Architektur-
schaffende. Sizas atmosphärische Ausdruckskraft fasziniert, obwohl – oder vielmehr, weil – seine Bauten oftmals von einer gewissen Bescheidenheit zeugen.
Das Erkennen des empfindsamen Gleichgewichts der Strukturen eines Orts
leiten seine Eingriffe, die bewahren und fördern, um dem Ganzen dienlich zu
sein. Damit verwehrt er sich
«dieser anmassenden Art des Bauens, die das Gewebe der Stadt,
diese repetitive, eigentlich anonyme Struktur verändern will. In
vielen Städten spürt man heute eine Art Eitelkeit. Jedes Gebäude
soll etwas Besonderes sein. Jedes Gebäude will eine Art Hauptrolle
spielen. Dahinter steckt natürlich ein tragischer Irrtum.»[18]

Sizas Eintauchen in eine neue Situation erfolgt über das Beobachten und das
Skizzieren. Mit gekonnten Strichen fängt er die Atmosphäre ein, durchdringt
den Raum:
«Wir sitzen hier an dieser Ecke, schauen hinaus und sagen: Wir
sind in Berlin. Warum? Irgendetwas verrät uns das in den kleinsten
Details und ihnen müssen wir uns nähern.»[19]

Die schnellen Skizzen sind ein Instrument, mit dessen Hilfe das Beobachtete über
die Visualisierung verstanden wird: das Eintauchen in die Situation, die Topografie, das Kontrollieren des Sonneneinfalls, der Höhen- und Sichtbezüge etc.
Die Linie bildet für Siza den Anfang des kreativen Prozesses. Seine Auseinandersetzung mit der gebauten Umwelt ist eine Wechselbeziehung zwischen Intuition
und Überprüfung.

17
Siza 1999, S. 59.

18
Siza 1997, S. 42.

19
Fleck 1994, S. 248.

Die Komplexität der Formen ergibt sich somit aus der Komplexität der Wirklichkeit, nicht aus der Erfindung. «Architekten erfinden nichts, aber sie formen die Wirklichkeit um.»[20]
«Im engeren Sinne sind Topografie und das verstreichen der Zeit, im weiteren Sinne Topografie, Geografie und Geschichte die Ausgangspunkte für Sizas Umformungsmethode.»[21]

Alvaro Siza, Eingang, Architektur-fakultät Porto

Durch die intensive zeichnerische Auseinandersetzung mit den Gegebenheiten, entstehen seine Ideen fliessend. Es erfolgt ein Durchdringen, ein Umformen der bestehenden Situation. Der Entwurf wird nicht additiv behandelt, sondern integral und organisch. Der neue Baukörper, seine Erschliessung, sein Gebäudeprogramm wird von Siza in seine Umgebung «implantiert», eingebettet wie ein Organ, das nur in Wechselbeziehung mit den anderen Organen seine Bestimmung erfüllen kann. Jedes Lösen einer neuen Herausforderung, eines aufgetauchten Problems macht das Gebäude interessanter, lässt es mehr mit der Umgebung verwachsen.
Über das Werk von Álvaro Siza sagte Vittorio Gregotti in seiner Laudatio zum Pritzker-Preis:
«Das Detail ist für ihn weder Element noch technische Darbietung, sondern ein vertrautes Mass, das die Architektur zugänglich macht, eine Möglichkeit, die Beschaffenheit und Einzigartigkeit eines Gegenstands, der an einem bestimmten Ort und in einem bestimmten Augenblick gefertigt wurde, greifbar nachzuprüfen, ein Mittel mit dem Bauwerk Verbindung aufzunehmen […].»[22]

Stets im Zentrum seines Schaffens steht der Mensch als Perzipient. Sizas verhältnismässiger Umgang mit den Elementen der Konstruktion, wie auch der Oberflächenausbildung, erlaubt dem Empfänger der Eindrücke, eine um das menschliche Mass besorgte Architektur zu erleben. Der Blick wird geführt durch geschicktes Kombinieren und Fügen der Materialien. Proportionen werden erfahrbar und verständlich. Man fühlt sich abgeholt und in der Faszination der physischen Durchdringung des Raums begleitet. Aus dem grossen Ganzen entwickelt sich das Kleine, das wiederum in organischer Beziehung zu allen anderen Teilen steht. Dabei reduziert Siza eine Vielzahl von Details. Keine Ecke gerät in Vergessenheit.
Die brillante Methodik seines Architekturverständnisses kennzeichnet Siza. Seine Werke sind vollkommen eigenständig, durchdrungen von den bestehenden Verhältnissen und seiner einfühlsamen Handschrift. Die Kommunikation seiner Bauwerke mit der bestehenden Umgebung, ihre plastische Qualität wie auch die Kontrolle von Raum und Licht machen den Architekten Alvaro Siza zu einer Ausnahmeerscheinung seiner Generation.

20
Siza 1999, S. 39.

21
Ebd., S. 59.

22
«For Siza, even detail is not an incident or a technological exhibition, but a dimension of the accessibility of architecture, a way of verifying by touch the feel, the uniqueness of a thing made for a particular place with contemporary techniques, to come into contact with the everyday things by handling them […]»

Alvaro Siza, Banco Borges

VERMÄCHTNISSE

CRANBROOK, BLOOMFIELD HILLS, MICHIGAN

Es war im Sommer 1985, als ich nach abgeschlossenem Studium an der ETH Zürich zu einem Auslandsaufenthalt an die Cranbrook Academy of Art ausserhalb von Detroit reisen durfte. Noch bevor ich den Campus betreten konnte, galt es eine Nacht in einem Hotel zu verbringen. Das Nächstgelegene war ein Red Roof Inn, für mich das erste Mal in einem übergrossen Zimmer mit übergrossem Bett und einem, für meine damaligen Verhältnisse, übergrossen Fernseher – gelegen zwischen W Eleven Mile Road und W 12 Mile Road, in der typischen «weissen» Suburbia Detroits, die später Eminem in seinem Film *8 Mile* treffend dokumentiert hat. 1985 war die Zeit der ersten grossen Automobilkrise, die gerade in Detroit markante Spuren hinterlassen hat – auch das Vermächtnisse, die für mich aber nur beschränkt architektonisch relevant geworden sind. Es war der nächste Tag – der letzte Teil der Anreise im Taxi vom Hotel durch eine gerasterte, stark durchgrünte Villenabfolge zum Campus –, der mir die wohl prägendste persönliche Erfahrung in Bezug auf die Kraft der Architektur eröffnete. Auch wenn der Zugang, wie ich später feststellen sollte, nur über die alltägliche Erschliessungsachse des Areals der Academy erfolgte – das eher unscheinbare Tor der repräsentativen Prachtachse zwar gleich danebengelegen, wurde jedoch nur an speziellen Tagen geöffnet –, war das Ankommen geprägt von einem Gefühl räumlicher Geborgenheit. Erst später wurde mir bewusst, dass ich hier mit europäischen Wurzeln konfrontiert worden war.

Eliel Saarinen, der Architekt dieser Anlage, nahm 1922 am Wettbewerb für den Chicago Tribune Tower teil und erreichte den zweiten Platz. Das Projekt, das unter anderem von Louis Sullivan als wegweisender Beitrag bezeichnet wurde, beeinflusste die Gestaltung der folgenden Hochhausgeneration in den USA. Saarinen wurde als Preisträger von den Veranstaltern zu einem Aufenthalt in Chicago eingeladen, und nahm, für diese wohl überraschend, die Einladung an. Er reiste 1923 mit seiner Familie nach Chicago und versuchte dort, seine Tätigkeit als Architekt und Stadtplaner neu aufzubauen. 1925 erhielt er von George Gough Booth, einem Verleger aus Detroit, den Auftrag für die Planung der Cranbrook Educational Community in Bloomfield Hills, Michigan. Die Anlage des gesamten Campus ist in ihren Grundstrukturen durch Saarinens an Camillo

Eliel Saarinen, Kingswood School for Girls, Cranbrook, 1931

←
Flora Ruchat und Renato Salvi, Transjurane, Mont Terri Nord, 1997, Lüftungseinlässe

Sitte und die Gartenstadtidee angelehnte städtebauliche Vorstellungen geprägt.
Interessanterweise baute Saarinen in den USA eine relativ enge Beziehung zu
Frank Lloyd Wright auf. Wright scheint Saarinen als einem von wenigen Berufs-
kollegen ein tiefes Wohlwollen entgegengebracht zu haben. Es entstand ein
Austausch, dessen Einfluss in den dann folgenden Bauten auf dem Campus in
Cranbrook spürbar ist. Dieser Campus, auf einem 129 Hektar grossen Areal
gelegen, besteht aus der Cranbrook School for Boys und der Kingswood School
for Girls, der Cranbrook Academy of Art und dem Cranbrook Art Museum.
Vor allem der Komplex der Kingswood School for Girls, vier Jahre nach der
Cranbrook School for Boys im Jahre 1931 eröffnet, gilt als das wohl bedeutendste
Arts-and-Crafts-Gebäude der Vereinigten Staaten und muss als Gesamtkunst-
werk verstanden werden. Vom Wasserhahn, den Teppichen, der Kunst im und am
Bau bis zur Architektur und der Umgebung wurde alles im Team um Saarinen

entworfen und in Teilen auch hergestellt. So war es Saarinens Frau Loja, eine
ausgebildete Bildhauerin, die hier die Vorhänge und die Gewebe für die Polster-
möbel entwarf und die Webarbeiten für die von ihrem Mann entworfenen
Wandteppiche im Speisesaal überwachte. Seine Tochter Pipsan entwarf die Innen-
ausstattung des Speisesaals, des Auditoriums, des Festsaals, der Lounges in den
Schlaftrakten, die Deckenspiegel der Studienbereiche und die Interieurs einer
Reihe weiterer Räume. Und auch sein Sohn Eero Saarinen (*1910) konnte hier
in jungen Jahren Möbel, die in grösseren Mengen produziert wurden, gestalten
und Bleiglasfenster entwerfen. Die Skulpturen wurden durch einen Freund der
Familie als integraler Bestandteil der Anlage erstellt: Carl Milles war ein bedeutender schwedischer Bildhauer, der mit seiner Frau 1931 nach Cranbrook

gezogen war. Die Umgebungsgestaltung entwarf Edward A. Eichstaedt, der auch
in der Folge bei wichtigen Bauwerken Saarinens involviert sein sollte.

Eliel Saarinen, Kingswood School
for Girls, Cranbrook, 1931

Interessanterweise ist bei den danach folgenden Neubauten des Academy
Museum der Einfluss der Moderne spürbar. Dies ist sicherlich auf den Einfluss
Eero Saarinens zurückzuführen, sozusagen als Gegenreaktion auf das Studium
an der Yale School of Arts and Architecture, die sich mit ihrem damaligen Cur-
riculum der Moderne verweigerte. Dieses Spannungsfeld zwischen Historismus
und dem modernen Gedankengut – und zwischen Vater und Sohn – hat eine
überaus fruchtbare Mischung hervorgebracht. Die Gegensätze wurden zur pro-
duktiven Suche nach einer zeitgenössischen Architektur, ohne in einer ideologi-
schen Positionierung zu verharren – etwas, das interessanterweise sowohl Eliels
Lebenswerk als auch das relativ kurze Lebenswerk von Eero geprägt hat.

Mit dem Bewohnen – die Studierenden wohnen bis heute zum Grossteil auf
dem parkähnlichen Campus – gelang ein immer weiteres Eindringen in einen
architektonischen Kosmos mannigfaltiger Bezüge. Da waren, wenn auch etwas
versteckt, zudem einige bescheidene Bauten von Albert Kahn, von dem ich bis
dahin gerade mal ansatzweise als Henry Fords Industriearchitekt etwas gehört

hatte. Und wenn einer der Studierenden das Haus des Schulleiters *sitten* durfte, konnten wir im Garten auf den Prototypen von Harry Bertoias Stuhl 420 unser Picknick einnehmen. Schliesslich war er zusammen mit Charles Eames wie auch Florence Knoll Gast an der Academy gewesen und hatte dort einige seiner berühmten Entwürfe gemacht.

Das Spannende ist nicht die formale Qualität der Architektur, sondern das Sichtbarwerden der Auseinandersetzung mit der Zeit und der Einfluss des «Teams». Dass dieses Sichtbarwerden von Vermächtnissen eine zentrale Komponente der Architektur ist, ist für mich *die* Erkenntnis – trotz einer etwas anders gelagerten Auseinandersetzung mit dem Artist in Residence, Daniel Libeskind, der – auch wenn sein Geist durchaus anwesend schien – vor allem durch Abwesenheit glänzte. Die Einflussnahme erfolgte nicht unter dem Aspekt einer zu kopierenden Vorlage oder gar einer stilistischen Zuordnung. Vielmehr eröffnet der Bezug auf eine Referenz ein dynamisches und variierendes Referenzsystem, das in sich intuitiv und sprunghaft ist und trotzdem zielgerichtet bleibt.

Marcel Breuer, Kloster Baldegg, 1968–1973

Das Ziel ist nicht eine formale Anlehnung, sondern ein autorenspezifisches Kondensat aufeinander bezogener, durchaus aber auch divergierender Geisteswelten. Das Neue ist damit nicht grundlegend anders, sondern vereinnahmt unterschiedliches Altes.

Einige Jahre nach meiner Rückkehr in die Schweiz stand ich dann im Jahre 1988 im Zuge der Begehung zum Wettbewerb für die Erweiterung des Dorfschulhauses in Hohenrain auf dem Schulhausplatz und schaute hinunter in das Seetal, wo die Bauten des Schwesternheimes Baldegg von Marcel Breuer herausstechen. Auch wenn ich von den Arbeiten Breuers und insbesondere auch vom Schwesternheim in Baldegg tief beeindruckt war und immer noch bin: Bei dieser Bauaufgabe waren jene Vermächtnisse von grosser Bedeutung, die ich aus Cranbrook mitgebracht hatte. Neben dem Spannungsfeld um Wright und Saarinen war der Aufenthalt in den USA architektonisch auch von den Arbeiten Richard J. Neutras und Rudolph Schindlers geprägt – und damit für mich eine massgebliche Hilfestellung bei meiner persönlichen Verortung: Auf der einen Seite war da Schindler mit seiner Position zwischen Otto Wagner, Adolf Loos und Wright; auf der anderen Seite Neutra mit ähnlichem Hintergrund und einer zeitweiligen Freundschaft zu Schindler. Neutra sollte für mich zwar kurz darauf ein Scheitern bedeuten im Kontext meiner Dissertation, verstärkt hat sich aber das Interesse am Verhältnis von Bauwerk und Landschaft. Und das zunächst in dieser direkten Lesart von Haus und Garten als räumlicher Einheit – vor allem im Sinne der städtebauhistorischen Interpretationen von André Corboz; zunehmend ging die Tendenz aber in Richtung eines umfassenden Landschaftsbegriffs, bei dem Landschaft zur übergeordneten Bezugsebene wird.

Cometti, Galliker, Geissbühler Architekten, Erweiterung Schulanlage Hohenrain (Modell), 1986–1989

Richard J. Neutra, Haus Rentsch, Wengen, 1961–1965
Foto: Nita Petersen Bjørn, 2019, Hochschule Luzern Technik & Architektur

ENTWERFEN MIT VERMÄCHTNISSEN

Vermächtnisse sind auch Landschaften – mit vom Betrachter zugeschriebenen Charakteristika. Sie erhalten somit eine sehr persönliche Interpretation, können aber teilweise – und Aldo Rossi spielt darin auch ganz direkt eine Rolle – als «wissenschaftliche Selbstbiografie» verstanden werden; wissenschaftlich in der Zuordnung zu einem architektonischen Diskurs, aber im Sinne einer sich stetig erweiternden und durchaus auch verändernden geistigen Landschaft mit einer autorschaftlichen Einflussnahme auf das entwerferische Denken. Analog der physischen Landschaft bleibt der Zustand instabil, kann aber zur tragenden Basis des Entwurfes werden. *Mindscape* – mindestens in meiner persönlichen Deutung umschreibt dieses englische Wort passend, wofür im Deutschen kein tauglicher Begriff vorhanden scheint. Der Geist schafft ein Gemenge mannigfacher Referenzen, unterschiedlicher Art und unterschiedlicher Gewichtung. Dieser Geist versucht aber auch eine Zuordnung, eine Sinngebung.

Tschuppert Architekten und Geissbühler Venschott Architekten, Überbauung Winterberg, Altdorf, 2013–2020

Und wiederum ist es nicht der eine Bezug, sondern die Überlagerung oder, noch präziser, die Durchdringung verknüpfter Bezüge. Dies befreit und fordert heraus, schärft den Blick auf die prägenden Phänomene und lässt der Autorschaft Spielraum, ohne sich der Beliebigkeit auszuliefern. Damit ist die allenfalls als postmodern einzuordnende Position nicht Teil des «Anything goes». Es sind diese Vermächtnisse, die uns nicht nur Anregung geben, sondern die unseren Entwürfen eine Einordnung ermöglichen.

RUDOLPH SCHINDLER: ÜBER DAS VERHÄLTNIS VON INNEN UND AUSSEN

Charlotte Hustinx

Rudolph Schindler ist ein unverzichtbares und grossartiges Vorbild dafür, wie sich eine Lebensart auf die Symbiose von Innen- und Aussenraum, von Lebens- und Naturraum auswirken kann. Offensichtlich war Schindlers alternative, naturverbundene und ursprüngliche Lebensform stark beeinflusst von seiner Auswanderung nach Amerika. Dabei sind es vor allem die natürlichen Gegebenheiten – das Klima, die Landschaft, die Ressourcen –, die sein Schaffen und sein Verständnis vom Aussenraum als Erweiterung des Innenraumes stark beeinflusst haben. Das ungewohnt milde Klima und die neuen Möglichkeiten, die es mit sich bringt, drücken sich sowohl in den programmatischen Raumabfolgen als auch in der konstruktiven Denkweise aus. Räume in Schindlers Bauten scheinen von innen nach aussen – von aussen nach innen – nahtlos überzugehen. Diese Übergänge sind aus meiner Sicht der Schlüssel dazu, Schindlers Relevanz in Bezug auf die Thematik aufzuzeigen.

Rudolph Schindler, Kings Road House, Los Angeles, 1922

Schindlers Bauten sind meist ein Konglomerat aus Beton und Holz. Während die Betonwände als geschlossene, massive Flächen ausgebildet sind und keine Spuren der Fügung aufzeigen, findet die Verbindung und gleichzeitige Trennung der beiden Lebensräume über das Material Holz und seine Fügung statt. (Denn Verbindung heisst für mich, dass gleichzeitig etwas abgetrennt wird.) Holz setzt eine vertiefte Auseinandersetzung mit seinen Eigenschaften, seiner Konstruktion und seiner Fügung voraus, was Schindler in seinen Studien über den amerikanischen Holzrahmenbau stark beschäftigt hat. So hat er über die reine Konstruktion und seine Wirkung hinaus nachgedacht und die Atmosphäre mit der Nutzung in Verbindung gebracht, sowohl innen- als auch aussenräumlich. Dabei schafft das Holz die Durchdringung, einerseits durch die Abbildung der Fügung, andererseits durch seine offene und transparente Rasterung und die Möglichkeit der grossflächigen Öffnung. Im Vergleich zum Beton wirkt es leicht, filigran; und dem Glas als Füllung des Holzrasters kommt eher eine verbindende als eine trennende Funktion zu. Dank des Klimas können die Fügung und der Ausdruck innen genau gleich abgebildet werden wie aussen, da jegliche Aufmerksamkeit für eine Dämmschicht wegfällt. Diese Gleichgewichtung des Ausdrucks von innerem Lebensraum und äusserem Naturraum führt zu einem ehrlichen Ausdruck und einer kontinuierlichen Atmosphäre, die sich auf beide Räume auswirken. Die Abbildung der gefügten Holzkonstruktion auf der Aussenseite wird verstärkt, indem die Nutzung des Innenraums meist um die des Aussenraums ergänzt wird, wodurch mehrere Bedeutungsebenen zueinander in Verbindung gesetzt werden. Die Grenzen zwischen Innen und Aussen rücken damit immer mehr in den Hintergrund.

Rudolph Schindler, Kings Road House, Los Angeles, 1922

Dies zeigt wiederum auf, wie eng die einzelnen Begriffe der eingeführten Thematik miteinander verknüpft sind und wie stark sich deren Zusammenhänge, Vernetzung und Überlagerung auf die Atmosphäre von Räumen auswirken können. Zudem versinnbildlicht Schindler was geschaffen werden kann, wenn eine Konstruktion mit der Raumnutzung zusammen gedacht wird, um eine spezifische Atmosphäre zu kreieren – im Inneren sowie im Äusseren. Erst mit der gefügten Konstruktion des Holzbaus wird eine Durchdringung geschaffen, die beide Atmosphären in Verbindung setzt und somit auch das Programm zusammenhält.

KONSTRUKTION ZWISCHEN FUNKTION UND FIKTION

Versteht man das Konstruieren in der Architektur nicht nur als funktionale Pflichterfüllung, so bilden *Landscape* und *Mindscape* zwangsläufig die Basis der Konstruktion. Die Landschaft ist, wie im Kapitel «Material und Landschaft» dargestellt, eine mindestens vierdimensionale Unterlage, auf der die Architektur aufbauen muss, um einen baukulturellen Wert in Anspruch zu nehmen. Die Landschaft bildet eine Unterlage, die sowohl robust wie flüchtig ist, die also sowohl Widerstand leistet als auch vermittelt. Sie ist physisch präsent, aber auch oft esoterisch eingehüllt, biodivers beladen und historisch wie baukulturell aufgeladen. Und doch bildet sie einen insofern festen Untergrund, als die Charakteristika objektiv sind, das heisst, aus dem Objekt Landschaft abgeleitet. Auch ist Landschaft durchaus in ihrem Ausmass beschränkt, auch wenn ihr die klaren Grenzen fehlen und viele Charakteristika übergreifen und ausschweifen. Sie hat also einen Kern, der örtlich gebunden ist, aber einen Rand, der unscharf ist, eine Art Aura.

Stall, Morissen

Die *Mindscape* dient dem Autor im Prozess des Entwerfens als kreative wie reflexive Treiberin, als ein Art Wolke an Vermächtnissen. Dieser stellt daraus seine eigene Mischung zusammen. Die Vermächtnisse liefern die gestalterische Inspiration für die eigene Arbeit in der Vielschichtigkeit der Landschaft. Sie werden aber auch zur Skala, zur reflexiven Messgrösse im Sinne der selbstkritischen Würdigung der entwerferischen Arbeit. Zu dieser *Mindscape* gehören neben den erwähnten fachlichen und biografischen Vermächtnissen auch die unterschiedlichen Wissensebenen: neben dem intellektuellen Wissen auch – und in gewisser Weise vor allem – das implizite Wissen.

Peter Behrens,
AEG-Turbinenhalle, Berlin, 1909

Vor diesem Hintergrund muss der Konstruierende neben der Bewältigung funktionaler Bedingungen in der Lage sein, die Zugehörigkeit des Konstruktes zu einer landschaftlich eingebetteten Siedlung (als Niederlassung) zu vermitteln. Die Konstruktion muss es dem Betrachter erlauben, diese Zugehörigkeit nachvollziehen zu können.

Konstruktion verknüpft also die meist hochkomplexe Geisteswelt des Autors mit dem landschaftlichen Gemenge, um den Benutzer in diese Landschaft einzubetten.

←

Hans Döllgast, Alte Pinakothek
München, Restauration und
Umbau, 1952–1957

MATERIAL UND PROGRAMM

«Ist denn wirklich die Wahl des Baumaterials etwas so ganz
Willkürliches und Unsicheres geworden? Gibt es wirklich gar
keine Gesichtspunkte, die hier aus der individuellen Willkür
zum befreienden Grundsatz führen?»[1]

Bauwerke werden über die Sinnfälligkeit ihrer Konstruktion erst zur Architektur,
das heisst, sie erhalten einen kulturellen Wert. Dabei gehen die Materialien der
Konstruktion weit über die effektiven Baumaterialien hinaus. Baustoffe sind
nur ein Teil des Materials, aus dem architektonische Konstrukte, im Sinne des
Bauwerkes, gefügt sind.
In engerem Sinn ist die Konstruktion also, wie bereits in der Einleitung dieses
Buches beschrieben, ein Akt des Fügens von Teilen, die in der Interaktion ihre
Wirkung voll entfalten. Als nicht abschliessend messbare Grösse ist die Konstruktion das Resultat sowohl einer physischen als auch einer kognitiven Leis-
tung und nicht schlicht nur eine technische Methode. Die unterschiedlichen
Aspekte – Programm, Topografie, Werkstoffe etc. –, welche die Konstruktion
zusammenfügt, können also in einem umfassenderen Sinne als Materialien bezeichnet werden. So ist der Prozess des Entwerfens eine konstruktive Handlungsweise, die eine äusserst resultatoffene, hochkomplexe Ausgangslage zum
Konstrukt im Sinne der realisierten Baute werden lässt.
Konstruieren in der Architektur betrifft über die physische Realisierung hinaus
also immer auch die Programmierung eines Bauwerkes. Über das Programm
im Sinne der nutzungsbezogenen Leistungen erhält das Gefäss Bauwerk die
Rechtfertigung seiner Stellung und Bedeutung in der Landschaft. Das Bauwerk
wird damit kontextbezogen. Je umfangreicher es sich auf diesen Kontext – als
Summe der Teile der Landschaft – bezieht, umso höher wird seine baukulturelle
Bedeutung.
Architektur entsteht so nur aus der Parallelität entwerferischer und theore-
tischer Spekulation. In der Wechselwirkung dieser beiden nur scheinbar ge-
trennten Aspekte kann im Akt eines experimentellen Machens die inhärente
Logik des Materials erspürt werden. Das Wissen, das aus dem Machen heraus
entsteht, wird einem Wissen des Intellektes gegenübergestellt. Die Reflexion
der Erkenntnisse bildet die Basis für die Rückführung in geistiges wie manuelles
Handeln.

Le Corbusier, Zentrosojus,
Moskau, 1933

Caruso St John Architects,
Bremer Landesbank, Bremen

1
Schumacher 1985, S. 10.

QUART

HIGHLIGHTS

2020/1

www.quart.ch

240 Seiten, 29 × 29 cm
178 Abbildungen, 75 Pläne,
101 Zeichnungen
Hardcover, fadengeheftet
Englisch (teilweise übersetzt ins
Deutsche *):
ISBN 978-3-03761-138-8
Englisch (teilweise übersetzt ins
Japanische **):
ISBN 978-3-03761-139-5
CHF 138.– / EUR 126.–
* eingelegtes Booklet mit Essays in
Deutsch
** eingelegtes Booklet mit
Projektbeschrieben in Japanisch

240 pages, 29 × 29 cm
178 illustrations, 75 plans,
101 sketches
Hardback, thread-stitched
English (some texts also in
German *):
ISBN 978-3-03761-138-8
English (some texts also in
Japanese **):
ISBN 978-3-03761-139-5
CHF 138.00 / EUR 126.00
* with an enclosed booklet
containing the essays in German
** with an enclosed booklet
containing the project texts in
Japanese

Peter Märkli – Everything one invents is true

Peter Märkli zählt seit den frühen 1980er-Jahren zweifellos zu den markantesten Deutschschweizer Architekten der ersten Stunde. Seine einprägsamen Bauten lassen sich jedoch nicht leicht in das Schema dieser Architekturbewegung einordnen. Zu sehr sind die einzelnen Bauwerke intensiv bearbeitete Individuen, die einer fortdauernden Bewegung des Suchens folgen. Immer eröffnen sie eigenständig und eindringlich Verbindungen der Geschichte der Architektur mit dem Impetus einer zeitüber-dauernden Gültigkeit.

Im vorliegenden Band sind 17 Bauten der letzten 15 Jahre mit Texten, Plänen und Abbildungen ausführlich dargestellt. Ergänzt wird die bemerkenswerte Werkdarstellung mit erhellenden Essays von Florian Beigel & Philip Christou, Franz Wanner und Ellis Woodman. Ein spannendes Interview mit Peter Märkli von Elena Markus und einzelne Statements des Architekten runden die eindrückliche Sammlung ab.

Herausgegeben von Pamela Johnston
Textbeiträge: Florian Beigel & Philip Christou, Pamela Johnston, Peter Märkli, Elena Markus, Franz Wanner, Ellis Woodman

Peter Märkli – Everything one invents is true

Since the early 1980s, Peter Märkli has been one of the most striking protagonists of German Swiss architecture from the earliest period of its emergence. However his impressive buildings cannot be easily classified in the scheme of this architectural movement, since the individual buildings are intensely developed individuals that follow the continuous movement of seeking. They always open up connections with the history of architecture in an independent, powerful way and express the impetus of timeless validity.

This volume presents 17 buildings in detail from the last 15 years with texts, plans and images. The remarkable presentation of works is complemented by enlightening essays by Florian Beigel & Philip Christou, Franz Wanner and Ellis Woodman. An exciting interview with Peter Märkli by Elena Markus and individual statements by the architects round off the impressive collection.

Edited by: Pamela Johnston
Articles by: Florian Beigel & Philip Christou, Pamela Johnston, Peter Märkli, Elena Markus, Franz Wanner, Ellis Woodman

Gion A. Caminada

Von Gion A. Caminada ist in der bündnerischen Surselva ein architektonisches Werk entstanden, das wie kein anderes unmittelbar in
den ökonomischen, geografischen und bautechnischen Prämissen
eines Ortes und den Lebensgewohnheiten seiner Bevölkerung bedingt ist.
Die neue Buchausgabe umfasst die Texte und die Projektsammlung
des Bandes Cul zuffel e l'aura dado und ist erweitert um eine Aus-
wahl der neueren Projekte seit 2005.

Herausgegeben von: Bettina Schlorhaufer
Fotos: Lucia Degonda
Textbeiträge: Gion A. Caminada, Jürg Conzett, Bettina Schlorhaufer,
Peter Schmid, Martin Tschanz, Peter Rieder, Walter Zschokke

2., mit neuen Projekten erweiterte
Auflage des Bandes Cul zuffel e
l'aura dado

296 Seiten, 22,5 × 29 cm
296 Abbildungen, 214 Skizzen/Pläne
Hardcover, fadengeheftet
Deutsch/Englisch
ISBN 978-3-03761-114-2
CHF 138.– / EUR 126.–

Gion A. Caminada

**Gion A. Caminada has produced architectural work in Surselva,
Grisons that is unique in being directly determined by the
ecological, geographical and structural engineering premises of
the location and the lifestyles of its population.
The new edition includes the texts and project collection of
Cul zuffel e l'aura dado and is extended to include a selection
of more recent projects since 2015.**

**Herausgegeben von: Bettina Schlorhaufer.
Fotos: Lucia Degonda. Textbeiträge: Jürg Conzett,
Peter Schmid, Peter Rieder, Walter Zschokke**

**2nd edition of Cul zuffel e l'aura
dado, extended to include new
projects**

**296 pages, 22.5 × 29 cm
296 illustrations,
214 sketeches/plans
Hardback, thread-stitched
German/English
ISBN 978-3-03761-114-2
CHF 138.00 / EUR 126.00**

Zürcher Wohnungsbau 1995–2015

Seit Mitte der 1990er Jahre lässt sich im Grossraum Zürich eine ausserordentliche Qualität von Wohnbauten beobachten. Durch die Förderung der öffentlichen Hand, durch eine hochstehende Wettbewerbskultur und eine rege Architekturszene ist hier ein reichhaltiges Experimentierfeld guter Wohnbauarchitektur entstanden. Das umfangreiche Werk über den Zürcher Wohnungsbau ist eine Anthologie von über 100 Einzelbauten, Ensembles und Siedlungen, die innerhalb von 20 Jahren in der Stadt Zürich entstanden sind. Es ist eine eindrückliche Übersicht zur Wohnbaukultur, die mit ihrer aussergewöhnlichen Qualität eine Intensität und Blüte erlebt, die auch international Beachtung findet.

Herausgeber: Heinz Wirz, Christoph Wieser

476 Seiten, 24 × 29 cm
710 Abbildungen, 713 Pläne
Hardcover, fadengeheftet
Deutsch/Englisch
ISBN 978-3-03761-127-2
CHF 138.– / EUR 126.–

Zurich Housing Development 1995–2015

Housing of exceptional quality has been developed in the greater Zurich area since the mid-1990s. Public funding, the high standard of the competition culture and a vibrant architectural scene have resulted in a rich field of experimentation for good residential architecture. The approximately 500-page volume on Zurich housing construction is an anthology of over 100 individual buildings, ensembles and settlements developed over a period of 20 years. It is an impressive representation of an intense, blossoming housing development culture that has also attracted international attention.

Edited by: Heinz Wirz, Christoph Wieser

476 pages, 24 × 29 cm
710 illustrations, 713 plans
Hardback, thread-stitched
German/English
ISBN 978-3-03761-127-2
CHF 138.00 / EUR 126.00

Körper in Räumen

Franziska Wittmann forscht am Lehrstuhl Gion A. Caminada zu einem Umgang mit physikalischen Naturgesetzlichkeiten und physiologischen Momenten in Architekturen. 2017 wurde das Buch «Leistungen der Architektur» publiziert. Das Ziel dieser Arbeit war es, einen bewirkenden Umgang mit Formen und Materialien aufzuzeigen. In diesem Wissen liegt nicht nur ein Beitrag zur Energieproblematik sondern die Möglichkeit, die Architektur insgesamt mit Qualitäten zu bereichern. Das Buch «Körper in Räumen» knüpft an dieser Stelle an. Im Fokus steht hier nicht die Erzeugung von physikalischen Konstellationen durch die Architektur sondern die Wirkung dieser Zustände auf den Menschen. Die Publikation stellt gesammelte physiologische Wirkungen so dar, dass sie im Sinne einer reicheren Architektur wirksam anwendbar sind. Die Sammlung zeigt physiologische Phänomene, architektonische Entsprechungen und Beispiele aus der Architekturgeschichte.

Autorin: Franziska Wittmann
Herausgeber: ETH Zürich, Professur Gion A. Caminada

Bodies in Spaces

Franziska Wittmann researches at the Chair of Gion A. Caminada on approaches to natural physical laws and physiological factors in architecture. Instead of focusing on the creation of physical constellations through architecture, her work investigates the effects of these conditions on people. The publication presents collected physiological effects in a way that makes them applicable, with the aim of enhancing architecture. The collection presents physiological phenomena, architectural parallels and prominent examples in architectural history.

Author: Franziska Wittmann
Edited by: ETH Zürich Chair of Gion A. Caminada

64 Seiten, 14,5 × 29,7 cm
45 Abbildungen und 57 Pläne
Fadengeheftete Freirückenbroschur
mit 11 Klappen
Deutsch
ISBN 978-3-03761-210-1
Englisch
ISBN 978-3-03761-212-5
CHF 43.– / EUR 39.–

64 pages, 14.5 × 29.7 cm
45 illustrations and 57 plans
Stitched lay-flat brochure
with 11 fold-outs
German
ISBN 978-3-03761-210-1
English
ISBN 978-3-03761-212-5
CHF 43.00 / EUR 39.00

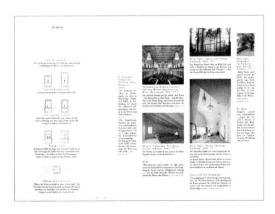

Analoge Altneue Architektur

Analoge Architektur und Altneue Architektur prägen die Lehre von Miroslav Šik an der ETH Zürich. In der ersten Analogen Phase 1983–1991 assistiert Šik am Lehrstuhl Fabio Reinhart und ist faktisch Wortführer einer architektonischen Bewegung, die weit über die Schweizergrenze hinaus bekannt wird, die bis heute Wirkung zeigt. In der zweiten Altneuen Phase 1999–2018 realisiert Miroslav Šik als Entwurfsprofessor an der ETH Zürich eine Reformarchitektur mit Ensemble, Milieu-Stimmung und Midcomfort.

Der umfangreiche Band enthält insgesamt 135 ausgewählte studentische Projekte aus beiden Phasen, deren etliche Verfasser heute zu den namhaften Schweizer Architekten zählen. Grossformatige perspektivische Zeichnungen, Collagen, Pläne mit Detailtreue und prägnant formulierte Projektbeschreibungen veranschaulichen bildhaft die Methode und deren Ergebnisse.

Herausgeber: Miroslav Šik, Eva Willenegger
Textbeiträge: Miroslav Šik, Lukas Imhof, Alberto Dell'Antonio, Andreas Hagmann, Christoph Mathys

Auf der Shortlist des Richard Schlagman Art Book Award 2019

474 Seiten, 21 × 29 cm
694 Abbildungen, 522 Pläne/Skizzen
Hardcover, fadengeheftet
Deutsch ISBN 978-3-03761-153-1
Englisch ISBN 978-3-03761-154-8
CHF 128.– / EUR 116.–

Analogue Oldnew Architecture

The terms "analogue architecture" and "oldnew architecture" are key aspects of the teaching of Miroslav Šik at the ETH Zurich. During his first period there (1983–1991), Šik worked as Senior Assistant at the Chair of Fabio Reinhart and was in effect the spokesman of an architectural movement that became renowned far beyond the borders of Switzerland and is still influential today. Miroslav Šik worked as a Full Professor at the ETH Zurich between 1999 and 2018 during his second period there.

This extensive volume contains the best 135 works respectively by students from both periods of Miroslav Šik's teaching, including plans, project descriptions and perspective diagrams. Some of the presented students went on to become renowned contemporary Swiss architects.

Editor: Miroslav Šik, Eva Willenegger
Articles by: Miroslav Šik, Lukas Imhof, Alberto Dell'Antonio, Andreas Hagmann, Christoph Mathys

Shortlisted for the Richard Schlagman Art Book Award 2019

474 pages, 21 × 29 cm
694 images, 522 plans/sketches
Hardback, thread-stitched
German ISBN 978-3-03761-153-1
English ISBN 978-3-03761-154-8
CHF 128.00 / EUR 116.00

PAUL ARTARIA: DIE ANMUT IM MATERIAL
Roman Hutter

Die Wahl des Baustoffes prägt seit den Anfängen des Bauens die daraus entste-
hende Architektur: zum einen, weil jedem Baustoff eine spezifische Erscheinung
anhaftet, und zum anderen, weil aus dem materialgerechten Fügen der Baustoffe
eine dem Material eigene Fügesystematik entspringt.

Paul Artaria war in seiner Materialwahl mehr oder weniger frei. Dies war nicht
immer so – zu früheren Zeiten bediente man sich (mit Ausnahmen) der Materialien aus der unmittelbaren Umgebung, dem Ort. Aus Überzeugung griff
Artaria oftmals zum Baustoff Holz. Er schreibt[2] gar von einer Befreiung – nicht
nur im technischen Sinne, sondern auch im Hinblick auf die dem Stein an-
haftende historische Vorbelastung. Gleichzeitig beeindruckt sein Wille, Häuser
mit maximalem Komfort zu bauen. Dies unterstreicht den eigentlichen Zweck
eines Hauses: Das Haus dient(e) dem Menschen – als Zufluchtsort, heute vor
allem im Sinne einer zweiten Haut als Schutz vor Sonne und Witterung.
Dieses Grundbedürfnis kann in unserer Zeit und unserem Umfeld einfach
befriedigt werden.

Paul Artaria mit Ludwig Kayser,
Wohnhaus, Stans, 1956

Das, was ein Haus zur Architektur macht, bedarf jedoch einer tieferen Auseinandersetzung. Erst durch die bewusste Materialwahl und das sorgfältige und
gekonnte Fügen der einzelnen Teile entsteht der erhoffte Mehrwert – wir nennen
ihn Architektur. Vielleicht kann man auch von Geborgenheit sprechen. Unbe-
wusst nimmt jeder die wohlige Atmosphäre eines Bauwerkes wahr, welches
sorgfältig und materialgerecht gebaut wurde. Vielleicht hat es mit Ordnung zu
tun, vielleicht aber auch einfach nur mit Verständlichkeit. Es fühlt sich gut an,
wenn man eine Situation, ein Haus begreifen kann. Begreifen, wie die Teile auf-
einandertreffen, wie sie gefügt sind, wie sie getragen werden und wie sie Schutz
bieten vor äusseren Einflüssen.

Die pragmatisch anmutenden Häuser Artarias erinnern stark an die vernakulären
Bauten in den Bergen. Nichts ist zu viel, nichts ist zu wenig – eine leise und
bescheidene Anmut umhüllt sie. Jedes Bauteil erfüllt seinen Zweck. Auf den
ersten Blick beschleicht den Betrachter ein gewisses Gefühl der Banalität – erst
auf den zweiten und dritten Blick besticht die angemessene und sorgfältige
Fügung. Egal, welches Materials man sich bedient, und egal, welche Räume
damit umhüllt werden – das Zusammenspiel von Material und Struktur ist
dabei entscheidend. Je selbstverständlicher dieses Zusammenspiel funktioniert,
desto selbstverständlicher ist das daraus resultierende Haus.

Paul Artaria mit Ludwig Kayser,
Wohnhaus, Stans, 1956

2
Vgl. Artaria 1952.

Das Bauen ist komplexer geworden. Diesem Umstand kann man sich ergeben oder aber immer und immer wieder die über Jahrhunderte geltenden und funktionierenden Regeln studieren und diese in die heutige Zeit überführen. Das Bauen muss wieder einfacher werden. Nur so ist es möglich, dass das Material tatsächlich durchdringen kann und nicht nur einen oberflächlichen Abklatsch dessen nachbildet, was bei alten Häusern die Zeit notabene ohne Bauschäden überdauert hat.

Der Mensch wird immer Schutz suchen – der Mensch steht aber auch in Verbindung mit der Natur. Deshalb ist auch hier die Durchdringung essenziell. Man spricht davon, dass gesunde Häuser atmen – damit ist nicht die kontrollierte Wohnungslüftung gemeint, sondern vielmehr das Material als zweite Haut im übertragenen Sinne. Wer würde sich dafür freiwillig Plastik überstülpen? Es ist an der Zeit umzudenken – Zeit für eine Rückkehr zu einfachen, aber schlauen Konstruktionen, welche dem Menschen dienlich sind und damit automatisch von grösster Anmut zeugen.

JEAN PROUVÉ: «MAN SOLL NUR KONSTRUIEREN, WAS MAN VERWIRKLICHEN KANN»[3]
Christoph Flury

Als ausgebildeter Schmied beherrschte Jean Prouvé das Handwerk und kannte die den Metallen innewohnenden Eigenschaften. Er setzte sich wissenschaftlich mit den Materialien auseinander, experimentierte mit deren Einsatz in seinen Konstruktionen, baute in den eigenen Werkstätten Prototypen und entwickelte die Systeme stetig weiter. Prouvé war somit, zusammen mit seinen Mitarbeitern, Entwickler, Gestalter und Produzent. Er widmete dabei jeder Phase des Konstruierens die gleiche Aufmerksamkeit. Von der Definition des Programms bis hin zur Fügung der Materialien und Bauteile wurden alle Aspekte gleich stark gewichtet. Es gelang ihm offensichtlich auch in seinen Werkstätten einen *Esprit Prouvé* zu generieren, bei dem sich alle Involvierten als Teil eines grösseren Ganzen sahen. Vergleiche mit mittelalterlichen Bauhütten drängen sich hier auf.

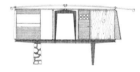

Jean Prouvé, Maison Tropicale, 1951

In der produktivsten Phase seines Schaffens kam er seinem Ziel, das Haus in der Fabrik entstehen zu lassen, nahe. Die Planung und die Herstellung von Bauteilen waren einander gleichgestellt und räumlich und inhaltlich eng verbunden. Jede Phase kannte die Bedingungen der anderen. Mit unterschiedlichsten Partnern (Architekten, Materialherstellern, Behörden) pflegte er eine fruchtbare Zusammenarbeit. Neue Konstruktionsmethoden wie das autogene Schweissen nahm er mit Begeisterung zur Kenntnis und analysierte umgehend die damit verbundenen

3
Prouvé 1971, S. 11.

konstruktiven Möglichkeiten. Die Metallknappheit während der Kriegsjahre veranlassten ihn in Holz zu konstruieren, weil es einfacher verfügbar war. Genauso wie beim Metall erforschte er dessen Eigenschaften, bis er auch damit meisterlich konstruieren konnte.

Prouvés Konstruktionen, Bauteilen und Gebäuden haftet oft etwas Prototypisches an. Die Handwerklichkeit und der Erfindergeist sind in den Konstruktionen spür- und erlebbar. In der Planung dachte er die Bedingungen der Produktion und auch die der Montage mit. Oft entwickelte er die Konstruktionen so, dass sie mit einfachen Mitteln schnell, von wenigen Arbeitern und ohne den Einsatz von Maschinen montiert werden konnten. Dadurch wohnt seinen Arbeiten ein menschliches Mass inne.

Diese technisch-konstruktiven Auseinandersetzungen sind bei Prouvé gepaart mit einem offensichtlich ausgeprägten Gestaltungswillen. Die Formfindung war immer in Einklang mit den Bedingungen der Konstruktion – dies im umfassenden Konstruktionsbegriff: Konzept, Programm, technische Eigenschaften, Produktion, Montage und atmosphärische Wirkung wurden in die Entwicklung miteinbezogen und prägen die Wirkung der Arbeiten des Ateliers Prouvé aus.

Diese umfassende Denk- und Handlungsweise ist einzigartig und heute kaum mehr denkbar. Die aktuellen Planungs- und Produktionsbedingungen, die Vielfalt der Materialien und Konstruktionsmöglichkeiten sowie die erhöhten bauphysikalischen Anforderungen haben zu einer Spezialisierung geführt. Die Planung, Produktion und die Montage sind im Vergleich zu den Bedingungen, die Prouvé geschaffen hat, heute auseinanderdividiert. Man kann heute kaum mehr alle Kompetenzen in einem Denk- und Produktionsraum vereinen. Allenfalls im Team mit verschiedensten Partnern kann man Prouvés Maxime, nach der man nur konstruieren soll, was man wirklich beherrscht, doch nahekommen.

Das Verständnis der Konstruktion zeigte sich bei Prouvé auch bei der meisterlichen Beherrschung der Planungswerkzeuge. Es gelang bereits in seinen Skizzen und Konstruktionsplänen, den Charakter und die atmosphärische Wirkung, die er erzielen wollte, aufs Papier zu bringen. Die gleichen Hände, die das Metall bearbeiteten, zeichneten die Konstruktionspläne. Biegeradien, Schraub- und Schweissverbindungen sind charakteristisch präzise abgebildet. Man spürt die fertige Konstruktion schon beinahe körperlich und meint, den Klang der ins Schloss fallenden Tür bereits zu hören. So gelingt es Prouvé, der Verwirklichung der Idee schon im Planungsprozess nahezukommen.

Jean Prouvé, Fassadendetails

PREKÄRE BEDINGUNGEN – ANMERKUNGEN ZUM KONSTRUKTIVEN DENKEN VON ELADIO DIESTE
Oliver Dufner

Wir assoziieren als Nutzer und Betrachter von Architektur – neben der visuellen und haptischen Wahrnehmung – mit jedem Material sowohl eine Logik der Produktion wie der konstruktiv und tektonisch sinnfälligen Fügung. Dies führt dann zu Lesarten, die von einem materialgerechten Einsatz des Baustoffes sprechen. Damit wird einem architektonischen Werk eine Qualität zugesprochen, die einen wesentlichen Teil der positiven Rezeption einnimmt. Dieser durchaus moralische Impetus ist gerade in einer Zeit, in der unsere gebaute Umwelt auch von vielen anspruchslosen Zweckbauten geprägt wird, nachvollziehbar und erscheint nobel.
Doch es stellt sich hier die Frage, was denn nun materialgerecht heisst? Fusst diese Gerechtigkeit allein darauf, dass der Betrachter aus seiner Erfahrung etwas als angemessen betrachtet, dies für ihn erkennbar ist und damit seiner vorgefassten Erwartung Genüge getan wird? Gibt es im Gegensatz dazu einen nicht gerechten Einsatz von Material oder ist dieser im besten Fall unangemessen? All diese Fragen stellen sich ausgehend von der persönlichen Wahrnehmung und werden dann meist rational gewertet. Spannend wird es bei der Frage, ob sich durch eine innovative Anwendung eines Materials auch eine neue Gerechtigkeit im Umgang mit einem Baustoff etablieren kann, so wie wir sie beispielsweise aus der kontrovers geführten Debatte zum Einsatz und der adäquaten Formensprache von Stahltragwerken im 19. Jahrhundert kennen. Was ist, wenn wir mit einem Bau oder einer Haltung konfrontiert sind, die unseren Erfahrungsschatz im Umgang mit dem Einsatz eines Baustoffes radikal auf die Probe stellen? Wenn wir Mühe haben die Logik der konstruktiven und tektonischen Fügung zu erfassen, aber zugleich überwältigt sind von der räumlichen Kraft des Raumes und der darin herrschenden Atmosphäre? Dann wird aus dem Sicheren das Prekäre, aus dem Vertrauten das Unbekannte, aus dem Logischen das Intuitive.
Die Bauten von Eladio Dieste – exemplarisch dafür steht sicher die Estacion de Servicio Barbieri y Leggire in Salto von 1976 – evozieren genau diesen Eindruck beim Betrachter. Sie sind alle von einer grandiosen formalen Eleganz geprägt und scheinen auf den ersten Blick, gängige statische und konstruktive Erwartungen geradezu zu negieren. Die Tollkühnheit des Entwerfers führt bei uns zu Bildern, die nicht nur unser herkömmliches konstruktives und statisches Denken herausfordern, sondern uns wie einen Zuschauer nach einem gelungenen Trick eines Zauberers zurücklassen. Wie erreicht Dieste diese Wirkung?

Dies geschieht einerseits durch die fliessenden Formen der meist als Schalen-
konstruktion ausgebildeten Dachstrukturen. Dabei wirken die raumbegren-
zenden Flächen wie in Bewegung erstarrt, wie der Übername «Sea Gull» für die
Tankstellenüberdachung treffend beschreibt. Andererseits werden die Material-
stärken auf ihr absolutes Minimum reduziert, sodass sich deren statische Trag-
weise erst bei einer genaueren Betrachtung erschliesst. Die Kombination dieser
beiden Eigenschaften – expressive Form und fragile Materialität – führt zu einer
betörenden Gesamtwirkung und macht Diestes architektonisches Werk auch
aus heutiger Sicht zu einer weiterführenden Referenz.

Eladio Dieste, «Sea Gull», 1976

Dabei spielt sein Umgang mit der Material Backstein eine zentrale Rolle in seinen
Entwürfen. Dessen traditionelle konstruktive Logik gründet auf der handwerklichen Herstellung der einzelnen Module und auf ihrer Fügung, welche, seit jeher
den Regeln der Schwerkraft folgend, den Stein auf Druck belasten. Dieste hat
sich jedoch nicht nur diese Eigenschaften zu eigen gemacht, sondern sie mit den
auf Zug angelegten Stärken des armierten Betons verquickt. Diese Komposit-
wirkung ermöglicht es, die Materialität des Backsteins mit der statischen Wirkungsweise des Betons zu koppeln und daraus eine ganz neue architektonische
Sprache zu entwickeln. Dieser Aufbruch in das Unbekannte, angetrieben von
der Neugier und gesteuert von der Intuition, ist gerade im Hinblick auf die Entwicklung neuer Materialien und Fertigungsmethoden bemerkenswert, weil er
Erwartungen hinterfragt und Grenzen neu auslotet. Es ist dieser Anspruch, der
das Denken von Architekten prägen muss und die Debatte zu Material und
Konstruktion auch in Zukunft vital hält.

Eladio Dieste, Kirche, Atlántida,
Urugay, 1958

AUS DEM INNEREN DER ANONYMEN FORM – KONRAD WACHSMANNS
KONSTRUKTION DER FUGE

Mario Rinke

Als Konrad Wachsmann in den späten 1920er Jahren Holzhäuser entwarf, hatte
er weniger das Holz im Fokus als vielmehr sein Einsatz in moderner Konstruktionsweise. Bevor er sein Augenmerk ganz auf die umfassende Industrialisierung
des Bauens richtete, als dessen radikaler Vordenker er vor allem bekannt ist,
begann er seine Laufbahn als leitender Architekt bei Christoph & Unmack, damals
der bedeutendste Hersteller von vorgefertigten Holzhäusern in Europa.[4] Der
Meisterschüler von Hans Poelzig sollte die bestehende Konstruktionspraxis vor
allem technisch und architektonisch weiterentwickeln. So kam er mit den zahl-
reichen modernen Fertigungstechniken des zeitgenössischen industriellen Holzbaus in Berührung, unter anderem mit Anwendungen des Strickbaus, aus dem
das bedeutende Direktorenhaus Christoph & Unmacks hervorging.[5] Wesentlich
technisierter war die bereits sehr gut erprobte und vielfach verwendete Tafelbau-
weise. Das Unternehmen hatte aus der ursprünglichen Typologie für Militär-
baracken zahlreiche neue Typen für verschiedenste Funktionen entwickelt. Am
Ende seiner vier Jahre im Unternehmen publizierte Wachsmann dazu ein Über-
sichtswerk: *Holzhausbau: Technik und Gestaltung*[6].

Konrad Wachsmann, «spatial
arrangement, prefabricated
building», 1942

Mit seinen Kenntnissen im Bereich industrieller Fertigung versuchte Wachsmann
in den 1940er Jahren vor allem den Bauprozess zu industrialisieren. Das Material
stand dabei im Hintergrund, es empfängt die sinnvollen Formen gemäss seiner
Funktion und industriellen Verarbeitung. In diesem Sinne war es für ihn immer
nur Rohstoff, der durch Technik und Wissenschaft harmonisch zu Bauteilen
verarbeitet wird. Das Bauwerk selbst kann nur dann ebenso harmonisch wirken,
wenn es geprägt ist von der «dynamische[n] Harmonie des Montageprozesses»,
wenn also nach dem «Gesetz der Maschine» Vollkommenheit erreicht wird.[7]
Im Fabrikationsversprechen von «Präzision und Qualitätsgleichheit» muss das
industriell gefertigte Bauteil ganz auf das Handwerk verzichten, also auf die
«fremden Eingriffe, die dem Gedanken der Industrialisierung widersprechen.
[…] So entstünde der Baustein dieser Zeit, ein Fertigprodukt von allseitig
uniformen Qualitäten, einer allgemein akzeptierten modularen Ordnung un-
terworfen.»[8] Das modulare Bauteil wird so zur eigentlichen Materialität, die
jedes Operieren des Entwerfers, Monteurs und Nutzers sowohl im Detail als
auch in seiner Gesamtheit bestimmt.

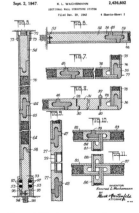

Konrad Wachsmann, «node,
sectional wall», 1945

4
Vgl. Museum Niesky / Konrad
Wachsmann Haus 2015.

5
Vgl. Tomlow 2000, S. 51.

6
Vgl. Wachsmann 1930.

7
Wachsmann 1962, S. 78.

8
Ebd., S. 74.

Das Zusammentreffen der Teile, die Fuge, ist im Sinn der Ordnung des Gleichen kein Ausdruck einer sorgfältigen Vermittlung von Geometrien oder stofflichen Welten, keine Spur des Materials oder seiner handwerklichen Verarbeitung, sondern eine Kennzeichnung des materiellen Rasters des Systems.[9]
Nachdem er auf der Flucht vor den Nazis in die USA emigriert war, entwickelte Wachsmann vor allem die Verbindungen dieser Elemente,[10] die er in einigen Varianten und Weiterentwicklungen patentierte. Zunächst entstanden sie als Verlängerungen der Teile in Form von profilierten Kanten, die jede Begegnung von benachbarten Elementen im Raster durch Übergreifen ermöglichen. In der Folge wurde die Verbindung punktuell: Stahlhaken werden in innere Schlitze eingelegt und greifen präzise ineinander.[11] Dieser Mechanismus, unsichtbar ins Innere der Elemente verlegt, stellt im Grunde ein Bauteil im Bauteil dar, eine präzise aktivierbare und deaktivierbare Verschränkung der Elementkanten.

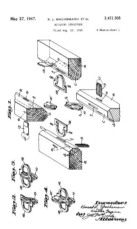

So sind Wachsmanns Fugen subtile Zwischenräume, die – nach aussen einheitlich und regelmässig – von der Reihung von Elementen erzählen und deren geometrische Kontrolle inklusive Toleranzen bezeugen. Er kehrte die übliche Lesart um: Die Fugen sind nicht Resultat von Übergangen oder notwendigen Teiligkeiten: «Die Fuge ist kein notwendiges Übel. Sie braucht darum nicht mit Leisten oder dergleichen schamhaft verdeckt zu werden.»[12] Vielmehr ist sie Ausgangspunkt einer konstruktiven Vermittlung in den Raum hinein. Statt Linien wirken hier kleine Tiefen, die die flache Oberfläche subtil brechen, und sie erzeugen in ihrem Raster ein räumlich einfach lesbares Volumen. In Wachsmanns Sinne ist die Fuge zentraler Fixpunkt einer geometrisch verstandenen Konstruktionswelt, die in ihrer Homogenität, Ordnung[13] und Orientierung der Elemente wirkt. «Diese Fugen deuten aber nicht nur die Berührungszonen an, sondern sie umschreiben auch auf das sorgfältigste das Objekt, das sie umschließen. In ihnen spielen sich nicht nur Vorgänge ab, die ästhetisch bestimmend sind, sondern sie sind Ergebnisse technischer Funktionen und auch als solche zu verstehen. Ihr Platz ist durch Material und Methode, Konstruktionsprinzip, Standard und modulare Ordnung bestimmt. Unter Umständen verbergen sich Systeme der Verbindungen der Elemente und des

Konrad Wachsmann, «node, building structure», 1945

9
Vgl. Konrad Wachsmann und Walter Gropius, «Prefabricated Building«, U.S.-Patent 2355192 (August 1944).

10
Grundlage der flächigen Elemente ist das populäre System der mit Sperrholz beplankten Tafeln in der Nachkriegszeit, vgl. dazu Ore 2011, S. 270.

11
Vgl. Konrad Wachsmann, «Sectional Wall Structure System«, U.S.-Patent 2426802 (September 1947); Konrad Wachsmann, «Building structure», U.S.-Patent 2421305 (Mai 1947).

12
Wachsmann 1962, S. 44.

13
Zur Diskussion des Ordnungsbegriffs in der Modulidee vgl. auch Russell 2012, S. 263.

Prinzips der Konstruktion hinter ihnen. In der vollkommenen Beziehung von Objekt, Funktion und Trennung vermittelt die Fuge eine neue visuelle Anschauung.»[14]

Eine weitere, für Wachsmann wesentliche Funktion der Fuge, die sich ebenso visuell vermittelt, ist die freie Kombinierbarkeit der Elemente. Die äussere Anlage der Fuge, das geometrische Raster im Raum, sowie die innere mit dem lösbaren Fixierungsmechanismus bilden die Basis für die Welt der Möglichkeiten innerhalb des Gebäudes. Die Fuge ist so die grosse konzeptionelle Klammer der Konstruktionsanschauung Wachsmanns. Sie vermittelt auf drei wesentlichen Ebenen der Konstruktion: In direktester Weise führt sie Elemente zusammen und begrenzt sie; ferner bildet sie das äussere Gesicht der inneren Welt, den unsichtbaren Zwischenraum, in dem die Elemente punktuell miteinander mechanisch verschränkt werden; und drittens bedeutet die Wandelbarkeit und freie Anordnung innerhalb des Rasters eine tatsächlich konstruierbare Fuge zur Gebäudeumgebung. In seinen Patenten war es Wachsmann immer wichtig, auch die Ausnahmen des Systems mitzudenken, also es gerade dadurch erst als realistisch und funktionsfähig darzustellen; das System passt sich geometrisch und funktional an die gestellten Forderungen an.

Wachsmann verortete den architektonischen Ursprung des wachsenden, organischen Systems in Joseph Paxtons (1803–1865) pragmatischer Industriebauweise und dem von ihm entwickelten Kristallpalast in London (1851). Vor allem bei grossen Projekten «sah er [Paxton] nicht das Problem darin, dieses oder jenes Gebäude zu planen, sondern ihn interessierten nur das Prinzip der Methode, der Konstruktion und ihr universelle Anwendungsmöglichkeit» mit den zugehörigen «selbstverständlich und natürlich» erscheinenden Lösungen und Details. Als moderner Konstrukteur stützte er sich auf «sorgfältige Studien von Produktionsmethoden, Materialforschung und Entwicklung der Details» und wollte, dass alle Bauteile letztlich als «Elemente in beliebiger Kombination für jeden gewünschten Zweck, aber in einem ganz neuen, freien, schöpferischen Akt zusammengesetzt werden.» Ein systemisches Bauwerk wächst so von innen und führt zur «Auflösung des architektonischen Umrisses eines Bauwerks», denn «alles musste sich nur den jeweiligen Funktionen elastisch anpassen. Es ging nicht mehr um die Frage, wie groß ein Gebäude sein dürfte. Es sollte nur auf das vollkommenste seinem Zwecke dienen und von daher seine Proportionen erhalten. Die Zahl der verwendeten Einzelteile bestimmte die Größe des Gebäudes, das ebensogut größer oder kleiner sein konnte.»[15]

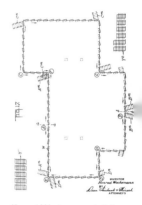

Konrad Wachsmann, «building construction», US-Patent 2491882-14, 1949

14
Wachsmann 1962, S. 44.

15
Ebd., S. 14.

In Wachsmanns Verständnis der wesentlichen Belange des Bauens verschiebt sich der Schwerpunkt der Idee weg von der Konstruktion, weg vom gefügten und gefertigten Endprodukt hin zum Prozess des Fügens und Fertigens, der im Wesen immer ein Prozess bleibt, da das System wandelbar ist. Konsequenterweise sollte der Knoten zwischen den Elementen zum eigentlichen Zentrum werden, denn er muss Fügen und Lösen jederzeit gewährleisten. Das Raster beschreibt eine streng regelmässige räumliche Wolke von Punkten, zwischen denen sich Elemente, also Gitterstäbe oder Paneele, positionieren können, aber nicht müssen. Mit der «Entwicklung einer räumlichen Konstruktion»[16], die sich in der Studie eines riesigen mobilen Flugzeughangars konkretisierte, fand Wachsmann seine radikalste Form des Systems. Das statisch effiziente räumliche Faltwerk führte als Stabwerk zu räumlichen und gelenkigen Verbindungselementen. Die Forderungen des mechanischen Modells nach gelenkigen Punkten wird direkt in ein konstruktives System übersetzt: Die Gelenkachse, ein Bolzen, ist der zentrale Nullpunkt der geometrischen und mechanischen Anlage. Zwischen den Stabelementen, die hocheffizient in Stahlrohre übersetzt werden, und dem Gelenkbolzen vermitteln die einzigen speziell geformten Teile, klammerartige Stahlbleche, die den Bolzen voll umschliessen und das Rohr oben und unten punktuell fassen. Den in die mittigen Schlitze der Holzpaneele eingelegten Stahlhaken ähnlich, bewerkstelligen diese Stahlklammern als eine Art System im System die eigentliche Kraftvermittlung.

Der Handwerker sorgt im industriellen Bauen für präzise Maschinen, die präzise Bauteile hervorbringen. Oder aber er wird laut Wachsmann zum reinen Monteur, der die anonymen Teile schnell und exakt zusammenfügt. Beides zielt letztlich auf das Fügen, also die Herstellung der Fuge, und meint damit in der Regel den Knoten selbst. Weil der Knoten alles – das Geometrische, Strukturelle, Konstruktive und insgesamt auch das Architektonische – gleichermassen sicherstellen und leisten muss, ja determiniert, wird er zum Nukleus der Konstruktion;[17] in ihm sind alle geometrisch-räumlichen Informationen angelegt und aus ihm wächst durch das folgerichtige Andocken der Elemente Feld um Feld, Raum um Raum ins theoretisch Unendliche.[18] Der Knoten ist idealerweise universal und anwendbar auf alle Situationen, eingerichtet für Funktion und Massstab. Im Raum werden so eigentlich die Stäbe zu den Verbindungselementen, indem sie die

16
Vgl. Burkhalter/Sumi 2018.

17
Zur zeitgenössischen Diskussion des Atoms als Symbol des Elementaren im System vgl. Offermann 2019, S. 117.

18
Vgl. dazu auch Watson 2017, S. 12.

Knoten miteinander verknüpfen. Wachsmanns Knotenpunkte sind die radikalste Form der streng geometrisch und mechanisch bedingten Konstruktionsform, bei der die Stabelemente auf dieselben geometrischen Nullpunkte geführt werden und in deren Zusammentreffen idealerweise eine Gelenkwirkung hergestellt wird. So werden die Elemente nicht verknotet, also im aneinander Vorbeiführen verbunden, sondern finden in der Begegnung miteinander immer ihren Anfang und ihr Ende.[19] Ironischerweise hat sich mit dem Knotenfokus aus dem Verbindungselement daher gleichermassen – im selben Bauteil – ein Trennungselement herausgebildet, und in seiner Wirkungsweise und Bedeutung dominiert es diejenigen Teile, die an jenes heranreichen wollen.

Das generative Potenzial eines Systems bestimmt letztlich seine Leistungsfähigkeit, ein zentraler Massstab bei Wachsmann. Fallen viele der generativen Eigenschaften zusammen, kann sogar mehr entstehen, als im System angelegt ist; aus der «Synthese von Funktion, Mechanik, Material, Leistung» entstehen laut Wachsmann Qualitäten, «die weit über die Zweckbestimmung hinausgehen, dann hebt sich die Grenze zwischen Zweckwerk und Kunstwerk auf.» Kann diese generative und flexible Form eine solche Synthese herstellen, so ist sie hochgradig leistungsfähig, sie wäre sogar mehr: «Der Fahrradrahmen beweist, daß es selbst in der schnellen technischen Entwicklung, in der alles im Fluß ist und Vollkommenheit nur verstanden werden kann in Bezug auf die Leistung, die in dem Augenblick gefordert wird, so etwas gibt wie die anonyme, die permanent vollkommene Form.»[20] Im permanenten Prozess des Konstruierens, der dem Element eingeschrieben ist und durch die systemische Fuge vermittelt wird, ist jedes Gebäude auch immer nur ein Zustand, wie Wachsmann konstatiert. In seiner letzten Nuance wird die Fuge so zur Umrisslinie des Ephemeren. Zwischen den Teilen des industriellen Bauwerks ist sie die Entsprechung der anonymen Form des Systems; sie schafft die Basis und den Rahmen als stumme Linie eines endlosen Möglichkeitsraums einer sich stets von innen erneuernden Welt.

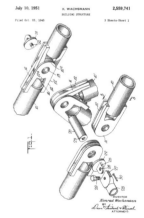

Konrad Wachsmann, «node, building structure», 1945

19
Zur Transformation des
Verständnisses des Stabwerks vgl.
Rinke 2016, S. 144.   20
                              Wachsmann 1962, S. 25.

KONSTRUKTION ALS VERMITTLERIN VON ATMOSPHÄREN

«So gesehen sind Atmosphären etwas, was das menschliche
In-der-Welt-Sein im Ganzen bestimmt, also seine Beziehung zu
Umgebungen, zu anderen Menschen, zu Dingen und
Kunstwerken.»[21]

Im engeren Sinne des Bauens lässt sich Konstruktion als Kombinatorik atmosphärisch wirkender Teile umschreiben. Fügen heisst in der Architektur vor allem,
Durchdringungen zu erzeugen. Wenn nun Architektur das Schaffen von Atmosphären ist, dann bedeutet dies, dass die Konstruktion etwas Verbindendes ist.
Sie verbindet innere und äussere Atmosphären. Im Zuge der räumlichen Durchdringung – das sind sowohl Öffnungen im Sinne von Fenster und Tür wie auch
konstruktive Verbindungen von Werkteilen – geschieht die Vermittlung von
Atmosphären. Konstruktion ist damit eine Vermittlerin von Atmosphären,
mit ihr werden atmosphärische Abläufe akzentuiert. Die Erscheinung der Architektur entsteht durch die Verarbeitung und das Fügen von Materialien mit
sich selbst oder mit anderen Materialien. Das gebaute Konstrukt erhält dadurch
spürbare Tiefe, es wird porös. Es ist diese Porosität, die die atmosphärische
Wirkung der Architektur und damit deren Qualität steuert.

Werner Düttmann in Zusammen-
arbeit mit Sabine Schumann,
Akademie der Künste
(Westansicht), Berlin, 1960

IN DAS OFFENE TRETEN – DURCHDRINGUNG UND FREIHEIT IM
SPÄTWERK VON SIGURD LEWERENTZ
Johannes Käferstein

«Die Grenzen meiner Sprache bedeuten die Grenzen meiner
Welt»[22]

Sigurd Lewerentz (1885–1975) stellte in seinen späten Entwürfen eigene Regeln
auf, deren Konsequenzen und Probleme er wiederum lösen musste. So entstanden Detaillösungen, die ohne innere konstruktive Gesetzgebung und un-
bestechliche eigene Disziplin nicht zu entwerfen sind. An der Kirche St.-Petri in
Klippan (1962–1966) bestimmen drei Festlegungen die zutiefst bewegende Erscheinung des Baus. Zum einen musste ausnahmslos Backstein als Baumaterial
für alle Wände, Böden, Decken und Oberlichter verwendet werden. Diese Regel
beinhaltete auch die innere feste Ausstattung, etwa die Kanzel und den Altar.

Sigrud Lewerentz, Kirche St. Petri,
Klippan, atmende Wand,
1962–1966

21
Böhme 2006, S. 114.

22
Wittgenstein 1922, Satz 5.6.

Zweitens sollte nur handelsüblicher Backstein verbaut werden. Und die dritte und wahrscheinlich rigoroseste Regel von fast spirituellem Charakter bestimmte, dass kein einziger Backstein geschnitten werden durfte – er also nur in seinem vollen Ausmass verwendet werden durfte. Es sind diese drei kompromisslos eingehaltenen Gebote, die den wortkargen und stillen Architekten Sigurd Lewerentz das Material, wie ein Maler, in eine stoffliche Tiefenschwingung versetzten lässt. Die in sehr trockenem, mit gemahlenem Schiefer angereichertem Mörtel versetzten Backsteine versinken förmlich in der Wand. Es sind die Fugen, die die Härte der Anweisungen von Lewerentz in sich aufnehmen und in einer zärtlichen Umarmung den Kirchenbau zum Leben erwecken. Die Wände atmen und erlauben dem Licht, durch die spärlich gesetzten Öffnungen osmotisch in das innere Dunkel des Oratoriums zu sickern. Aus einem konstruktiven Paradoxon heraus sublimieren sich in der Kirche St. Petri Materialität und Konstruktion auf die Ebene des reinen Gefühls und der spirituellen Metapher.

Sigrud Lewerentz, Kirche St. Petri, Klippan, geneigte Kandelaber, Traufen und Fallrohre, 1962–1966

Als Schüler Schinkels war Sigurd Lewerentz in seinen frühen Jahren ein Meister des skandinavischen Neo-Klassizismus, der eine Abkehr von der historisierenden Nationalromantik bedeutete und sich schliesslich als Schritt in die Moderne erweisen sollte. Die Rückbesinnung auf den dorischen Stil Griechenlands als den wahren Ursprung des Bauens war für die Architektur Skandinaviens zwischen 1910 und 1930 prägend. «Eine eloquente Passage in Heideggers ‹Der Ursprung des Kunstwerks› beschreibt, wie ein griechischer Tempel das Material nicht zum Verschwinden, sondern zum allerersten Mal zum Vorschein bringt. So auch in Klippan: Ziegel war nie mehr Ziegel, Stahl nie mehr Stahl, Glas nie mehr Glas, Holz nie mehr Holz. Dieser Hinwendung zum Wesentlichen des Materials wohnt eine Art Respekt inne, der seine eigene Moral hat. Ethik und Technik werden eins. Es ist daher nicht verwunderlich, dass die Sprache der klassischen Formen für Lewerentz nicht mehr tragfähig war. Denn diese Sprache war aus einer Ordnung des Bauens geboren worden, vom Holz übertragen, ihre letzte und wesentliche Verfeinerung im Stein findend.»[23]

Lewerentz konnte sich in dem Moment über die Frage des Stils hinwegsetzen, in dem er der Sprache des Materials folgte. Seine späte Baukunst birgt das tiefe Geheimnis einer zeitlosen Durchdringung von Material, Raum und Bedeutung.

Ludwig Wittgenstein wies auf die Grenzen der Sprache und damit auf das Unaussprechliche hin: «Es gibt allerdings Unaussprechliches. Dies zeigt sich, es ist das Mystische».[24]

23
Wilson 1997, S. 45–46.
Übersetzung J. K.

24
Wittgenstein 1922, Satz 6.522.

Die Erkenntnis der Wehrlosigkeit gegenüber dem Unaussprechlichen ermöglicht es, alles hinter sich zu lassen und in der Tiefe des Moments das Wesentliche zu erkennen. Es ist der Moment des *myein* (altgriechisch), in dem wir Mund und Augen schliessen, da nichts mehr erklärt werden kann.

Nachdem Lewerentz die Kirche St. Petri in ihrer ganzen Blösse und Körperlichkeit aus nur einem einzigen Stein erbaut hatte, fügte er ihr in einer zarten Geste profane Bauteile aus Stahl und Blech hinzu, die in ihrer Ausstrahlung Menschlichkeit in sich tragen. In demütiger Haltung stehen schwarze Kandelaber – ein Paar – nebeneinander, die sich auf Schulterhöhe leicht nach vorne beugen. Die runden weissen Leuchtkörper strahlen die Ruhe eines in sich gekehrten Gesichts aus. An der Backsteinwand im Hintergrund lehnen, eng beisammen, durch die Länge eines Steins getrennt, zwei Fallrohre. Diese stützen zwei übereinander liegende Regentraufen. Die obere Traufe misst die halbe Länge der Fassade, die untere deren ganze Länge. Zwei offenen Händen gleich nehmen sie das Dachwasser auf und führen es in das Erdreich.

Sigurd Lewerentz' Suche nach einem architektonischen Ausdruck zeugt von einem tiefen Verständnis für die Notwendigkeit, die Grenzen seiner Welt in die Ursprünglichkeit des Materials zu ziehen. Damit öffnet er einen Raum, in dem man dem Unaussprechlichen nur zuhören muss.

Mund und Augen sind geschlossen, der Kopf leicht nach vorne geneigt. Hermann Rode, *Birgitta von Schweden*, 15. Jahrhundert

DIE BEDEUTUNG VON STRUKTUR UND GESTALT IM WERK VON AUGUSTE PERRET
Stefan Kunz

Unsere Gebäude haben viel zu leisten. Es gilt die Bedürfnisse der Nutzenden bezüglich Funktionalität und Komfort möglichst gut zu bedienen, sozialen, ökologischen und ökonomischen Ansprüchen zu genügen und sich gleichzeitig qualitätsvoll in das ortsbauliche Gefüge einzuordnen. Da nur selten alle Anforderungen gleichermassen adressierbar sind, entsteht eine Gewichtung, die unsere gebaute Umwelt wesentlich beeinflusst. So spiegeln sich die Wertvorstellungen, Bedürfnisse und Sehnsüchte einer Gesellschaft im Gesicht ihrer Bauwerke, Siedlungen sowie Landschaften – und diese wiederum beeinflussen unsere Wahrnehmungen und Handlungen im Alltag. Diese Wechselwirkung deutet darauf hin, dass der Erscheinung unserer Gebäude eine gewisse Bedeutung zukommt, da sie das Selbstbild einer Gesellschaft massgeblich mitprägen.

Die Möglichkeiten zur Gestaltung dieser Erscheinung haben sich im Laufe der Zeit erheblich verändert. Lange Zeit unterlag die Baukultur gewissen Grundregeln, die jedoch nur am Rande einer gestalterischen Haltung folgten. Es war viel mehr die beschränkte Verfügbarkeit von Ressourcen und Fertigungstechniken, die für eine Verwandtschaft der Bauten sorgte. Die Regeln haben sich seit der Industrialisierung entscheidend verändert. Die Mobilität machte die Materialwahl unabhängig vom Ort. Der technologische Fortschritt förderte zudem innovative Fertigungstechniken, aber auch eine breite Palette neuer Werkstoffe und Konstruktionen. Es stellt sich die Frage: Was diktiert die Gestalt unserer Gebäude in einer Zeit, in welcher es nur wenige technische und gestalterische Grenzen gibt? Die Antwort darauf ist Zweierlei: einerseits sind es die Einflüsse des gesellschaftlichen und des gebauten Kontextes. Neue Gebäude sollen an die vorhandenen Bilder unserer Orte und Landschaften anknüpfen und diese gemäss heutiger Bedürfnisse zeitgemäss weiterbauen. Andererseits ist es die Struktur im Inneren, die das Wesen eines Gebäudes und seine Wahrnehmung mitbestimmt. Um diesem Phänomen auf den Grund zu gehen, kann es helfen, den Begriff der Struktur im Sinne von Eduard F. Sekler zu betrachten: «‹Struktur› als Prinzip und immanente Ordnung wird verwirklicht durch ‹Konstruktion›, aber erst die ‹Tektonik› macht Struktur und Konstruktion künstlerisch sichtbar und verhilft ihnen zum Ausdruck.»[25] Das gedankliche strukturelle Konzept, welches technischen, funktionalen und gestalterischen Überlegungen folgt, ist also für die bauliche Gestalt mitentscheidend. Es ist aber eine Frage von Konstruktion und Tektonik wie direkt sie zum Ausdruck kommt. Abhängig von den eingangs erwähnten Wertvorstellungen, Bedürfnissen und Sehnsüchten der am Bau beteiligten Akteure kann dies unterschiedlich ausfallen. Das Zusammenspiel von Struktur, Konstruktion und Tektonik als Inspiration zu sehen, kann dabei helfen, Beliebigkeit in der Architektur zu vermeiden.

Die Werke Auguste Perrets bieten diesbezüglich interessantes Anschauungsmaterial. Viele seiner Gebäude sind geprägt durch eine Skelettbauweise in Stahlbeton. Demnach findet die von ihm angedachte Struktur durch Stützen und Träger eine physische Umsetzung in der Konstruktion. In Bezug auf die Tektonik nutzt er diese Elemente im Inneren wie im Äussern als Ausgangspunkt zur Gestaltung der Gebäude. Manchmal offenbart er sie sehr direkt, wie etwa in seinem Apartment im Wohnhaus an der Rue Raynouard (1932). Die strukturellen Elemente zonieren die Wohnung und sorgen im Zusammenspiel mit den hölzernen Oberflächen für eine elegante und warme Atmosphäre.

Auguste Perret, Apartment in der Rue Raynouard, Paris, 1932

An anderer Stelle sind sie verkleidet und erhalten durch die Mittel der Tektonik wie Materialwechsel, Fugenbildung oder die Lage der Elemente in der Tiefe der

Fassade unterschiedliche Hierarchien, die nicht immer genau der konstruktiven Logik entsprechen; so zu sehen beim Wohnhaus Maurice Lange in Paris (1932), dessen Fassade durch die feine Gliederung eine repräsentative Erscheinung erhält und auf die strukturelle Ordnung des Gebäudes hinweist.
Viel zu oft wird das strukturelle Konzept auf technische und funktionale Aspekte reduziert, dabei hätte es ein grosses gestalterisches Potenzial, der Belanglosigkeit unserer gebauten Umwelt entgegenzuwirken. Die gebauten Beispiele von Auguste Perret zeigen auf, dass die Konstruktion im Sinne Seklers dabei helfen kann, dieses Potenzial physisch umzusetzen und durch die Tektonik zum Ausdruck zu bringen.

Auguste Perret, Haus Maurice Lange, Paris, 1932

FORM ALS INHÄRENTE FOLGE – MARK WEST UND DIE TEXTILE SCHALUNG
Dieter Geissbühler

Mit den neuen digitalen Möglichkeiten scheint jede Form herstellbar zu sein. Das hat mitunter massgeblich dazu beigetragen, dass die geometrische Form für die Architektur zum frei verfügbaren und damit aber auch beliebigen Entwurfsinhalt verkommen ist. Übersetzt auf die Herstellung von Bauwerken trägt dies aber grundlegend dazu bei, dass das Abbild des Herstellungsprozesses immer weniger lesbar wird. Die Form entfremdet sich vom Prozess des Machens, was den Betrachter zu einer Oberflächlichkeit der Wahrnehmung verleitet. Auch wenn uns die digitalen Tools faszinierende Formen ermöglichen, deren Verwendung im physisch realen Bauwerk bleibt fragwürdig. Der Wunsch nach einer umfassenderen formalen Freiheit mag zwar zeitgemäss sein, die Herstellung von Bauwerken respektive Bauteilen sollte aber weiterhin integraler Bestandteil der Formgebung bleiben.

Seit über 30 Jahren beschäftigt sich Mark West in seiner Arbeit mit textilen Schalungen für neue architektonische Formen in Beton. Ausgehend von diesen flexiblen textilen Schalungen hat das Centre for Architectural Structures and Technology (C.A.S.T.), dessen Leiter er seit über 30 Jahren ist, alternative Konstruktionen, aber auch Entwurfsmethoden entwickelt. Dabei ist die Formgebung – mindestens in zentralen Teilen – das Resultat einer kontrollierten Variabilität. Die Parameter der Formfindung, respektive der Formwerdung, werden über die Anordnung der für die Herstellung notwendigen, respektive gewünschten Hilfsmittel bestimmt. Dies reicht von der Auseinandersetzung mit den Oberflächenqualitäten des verwendeten Textils sowohl in technischer wie auch optischer und haptischer Hinsicht über die Nuancen in den sich wiederholenden Elementen durch das ganz leicht veränderte Verhalten der Textilien in Falten und Stössen sowie die Art der Verknüpfung der textilen Bahnen durch die Artikulation der Nähte bis zur Technik der Anordnung der Halterungen für den Gussprozess.

Centre for Architectural Structures and Technology (C.A.S.T.), University of Manitoba

In diesem Durchdringen der spezifischen Charakteristika des Materials der Schalung mit dem Charakter des Giessens von Beton gelingt es den Werken von Mark West eine betonspezifische Gestalt zu erzeugen und gleichzeitig die Herstellungsart lesbar zu machen. Es entstehen neue Formen durch analoge Herstellungsformen, die sich gegenüber digital gesteuerten Herstellungstechniken einer präzisen Gleichartigkeit widersetzen.

WEITERSCHREIBEN

Im Umkehrschluss zur ersten Forderung der Strategie «Baukultur des Bundes» lässt sich folgern, dass jeder Eingriff in den historischen Bestand, sprich jeder bauliche Eingriff, eine Einheit mit dem zeitgenössischen Schaffen sein muss. Das heisst: Jedes Bauen muss implizit ein bewusstes Weiterbauen sein, das die historischen Wurzeln weiterführt. Wie gross der Kontrast zwischen den zeitgenössischen Eingriffen und der historischen Substanz ist, ist dabei sicher teilweise dem Ermessen der Projektierenden überlassen. Es ist aber unumgänglich, den historischen Kontext als Bezug lesbar zu lassen. Demgegenüber verursacht jedes Bauwerk aufgrund seines invasiven Wesens eine Wunde und ist somit zuallererst eine Art «Schädigung». Architektur entsteht nur dann, wenn ein Mehrwert erzeugt wird, der diese Schädigung inhärent wiederum heilt.

Geradezu beispielhaft dafür ist die äusserst gelungene Restauration des Neuen Museums in Berlin. Den Architekten, David Chipperfield mit Julian Harrap, ist das Weiterschreiben eines äusserst vielschichtigen Textes gelungen. Das Museum war schon in seiner Grundkonzeption eine Sammlung bedeutender Geschichten, arrangiert zu einer Wunderkammer historischer Narrationen. Durchdrungen von der gestalterischen Artikulation der physischen Auflösung in seiner eigenen Lebensgeschichte, aber auch von einem zeitgenössischen Gestaltungsanspruch, findet in dieser Architektur wohl jeder Besucher seine eigene Geschichte. Das Bauwerk ist im umfassenden Sinne ein offenes Werk. Die Durchdringungen ergeben ein verzweigtes Bezugsgeflecht, in dem ich mich als «Leser» frei bewegen kann – didaktisch hoch anspruchsvoll, wenn ich denn die Welt systematisch erklärt haben möchte. Wenn ich diese aber als Rahmen menschlichen Handelns verstehe, dann wird die architektonische Artikulation zum stimulierenden kulturellen Erlebnis. Und die Rede ist hier von Kultur im grundlegenden Sinne des Wortes, wie sie etwa im Duden definiert wird, nämlich als «Gesamtheit der geistigen, künstlerischen, gestaltenden Leistungen einer Gemeinschaft als Ausdruck menschlicher Höherentwicklung».

David Chipperfield in Zusammenarbeit mit Julian Harrap, Neues Museum, Berlin, Restauration und Umbau, 2009

David Chipperfield in Zusammen-
arbeit mit Julian Harrap, Neues
Museum, Berlin, Restauration und
Umbau, 2009

KONSTRUKTION UND AUSDRUCK IM WERK HANS DÖLLGASTS

Christoph Wieser

Hans Döllgast, Alte Pinakothek,
München, Südfassade.
Eingabeplan, Zeichnung, 13.08.1952

Seitdem ich mich mit konstruktiven Fragen in der Architektur auseinandersetze,
interessiert mich das Verhältnis von Konstruktion und Ausdruck: Wie, mit welchen Mitteln und Materialien ist etwas gemacht? Welches Verständnis von Architektur liegt den Ideen und Massnahmen zugrunde? Welches Ziel soll erreicht
werden? In Dieter Geissbühlers Umschreibung von Konstruktion als «Kombinatorik atmosphärisch wirkender Teile» klingt für mich diese untrennbare Verbindung von baulichem Gefüge und vor Ort erfahrenem Wesen, von gedanklichem
Konstrukt und physischer Umsetzung an – und damit von der Wichtigkeit der
Konstruktion in der Architektur. Eugène Emmanuel Viollet-le-Duc schrieb dazu
1868: «Architektur und Konstruktion müssen gleichzeitig gelehrt und praktiziert
werden: Die Konstruktion ist das Mittel; die Architektur das Resultat.»[26] Diese
Sichtweise greift mir, trotz grosser Sympathie für den ersten Satzteil, zu kurz.
Die Konstruktion wird zu stark auf ihre dienende Seite reduziert, denn gerade
in der gleichberechtigten Verbindung technischer und kultureller Aspekte liegt ein
grosses Potenzial von Architektur, das im viel geschmähten Begriff der Baukunst
sprachlich präzise zum Ausdruck kommt.

Mich freut, dass mir der deutsche Architekt Hans Döllgast (1891–1974) als der
Referenzpunkt meiner Überlegungen zugeteilt wurde: einerseits, weil mir seine
zurückhaltende und doch kraftvolle Architektur mit ihrer haptischen, historisch
fundierten Qualität gefällt – ganz besonders beim Wiederaufbau der Alten Pinakothek in München (1952–1957), einem Schlüsselwerk von Leo von Klenze (Er-
öffnung 1836); andererseits, weil sich in der vergleichbaren Aufgabe des Wieder-
aufbaus und der Neufassung des Ostflügels am Museum für Naturkunde in
Berlin (1995–2010) meine eigene Faszination für die Vielschichtigkeit konstruktiver
Themen exemplarisch zeigt.

Döllgast stand vor der schwierigen Aufgabe, wie die im Zweiten Weltkrieg stark
beschädigte Gemäldegalerie wiederaufgebaut werden könnte. Nachdem er den
bereits beschlossenen Abbruch erfolgreich verhindern konnte,[27] bestand die
zentrale Frage darin, ob die Ergänzungen als Rekonstruktion mit der verbliebenen
Bausubstanz verschmelzen oder als sichtbar neue, später hinzugefügte Teile er-
scheinen sollten. Wie Gunnar Asplund bei der Erweiterung des Rathauses in
Göteborg (1913–1937) tastete sich Döllgast schrittweise an die Lösung heran.
Seine «schöpferische Wiederherstellung», wie die Eingriffe treffend charakterisiert

Hans Döllgast, Alte Pinakothek,
München, 1952–1957

26
Viollet le Duc 1868, S. 1.

27
Vgl. Stock 2018, S. 11.

wurden, erneuert mit zeitgenössischen Mitteln das ursprüngliche Bild, ohne die Verwüstungen gänzlich zu glätten. Gleichzeitig verbessert er im Inneren durch eine angepasste Einteilung die Funktionalität des Gebäudes. In den getroffenen Massnahmen, der Materialisierung und der konstruktiven Ausbildung äussert sich auf entspannte, aber spürbare Weise das modernistische Credo einer klaren Unterscheidung von Bestand und Ergänzung: Die neuen Mauerteile führen die auf die Essenz reduzierte Formensprache fort, erhalten über die Verwendung von Trümmerziegeln aber eine Patina, die Alt und Neu verbindet.

Beim Naturkundemuseum wird der Bombentrichter in der Fassade ebenfalls in enger Anlehnung an den Bestand geschlossen. Der didaktische Ansatz Döllgasts weicht bei Diener & Diener jedoch einem hintergründig narrativen: Indem die originalen Backsteinfassaden mitsamt den Fenstern abgegossen und in Beton-Elementbauweise repliziert wurden, findet ein Stoffwechsel im Semper'schen Sinn statt. Bild und Abbild, die ursprüngliche Konstruktion und die Neuinterpretation werden spannungsvoll in Beziehung gesetzt. Ihr ornamentaler Charakter irritiert, fordert mich aber auch zum kritischen Nachdenken heraus. In der gedanklichen Konzeption ebenso wie in der konstruktiven Umsetzung ist der Eingriff – so meine ich – überaus zeitgemäss. Mein Verständnis von Zeitgemässheit schliesst explizit den Respekt vor und die Auseinandersetzung mit historischen Elementen ein. Das komplexe Verweben oder inspirierende Nebeneinander von alten und neuen Teilen, von Nicht-Eindeutigem und Vielgestaltigem verleiht meiner Meinung nach einem Konstrukt Bedeutung und gedankliche Tiefe.

Der schwedische Schriftsteller und Publizist Olaf Lagercrantz spricht in seinem Essay zur *Kunst des Lesens und Schreibens* (1985) von «Regenbogen, Raketen, Spiegelscherben und Pfeilen», die für einen guten Text wichtig seien. Damit meint er Verbindungen, die verschiedene Zeiten, Orte und Menschen miteinander in Beziehung setzen: «Der Kern der Erzählung muss festliegen, während sie aber voranschreitet, ist um ihn alles in Bewegung.»[28] Diese Art von überraschenden Begegnungen, von Komplexität und Widerspruch vor dem Hintergrund einer klaren Absicht und Haltung entspricht meiner Idealvorstellung des Verhältnisses von Konstruktion und Ausdruck.

Diener & Diener Architekten, Wiederaufbau und Neufassung des Ostflügels am Museum für Naturkunde, Berlin, 1995–2010

CARLO SCARPA: «VOLEVO RITAGLIARE L'AZZURRO DEL CIELO»[29]
Felix Wettstein

Bei jedem Besuch der Biennale in Venedig zieht mich ein Raum des Padiglione Italia magisch an. Es handelt sich um einen kleinen Aussenraum, einen Patio, ja einen Garten Eden, der von den Kuratoren meist nicht bespielt wird und gerade deshalb eine Oase der Ruhe im hektischen Ausstellungsbetrieb darstellt. Carlo Scarpa schuf diesen wunderbaren Raum 1952 durch den Abbruch einiger eingeschossiger Nebenräume des unförmigen Gebäudekomplexes. Drei mandelförmige, übergrosse Stützen tragen ein horizontales Dach, aus dem wiederum drei grosse Kreissegmente ausgeschnitten sind. Das Dach ist durch eine breite Fuge von den Stützen und Aussenmauern abgesetzt. Es repräsentiert eine Konstruktion, die allein durch ihre Form neue Gleichgewichte und Bedeutung erzeugt. In diesem einen Raum zeigen sich alle wesentlichen Elemente der Architektur Scarpas in ihren charakteristischen Gegensatzpaaren – alt und neu, leicht und schwer, rund und gerade, Architektur und Natur, Licht und Schatten, allesamt vielschichtig überlagert.

Padiglione del Venezuela, Biennale, Venedig, 1953–1956

Wunderbar, wie die Stütze gleichzeitig zum Pflanzentrog wird, das Wasserbecken zum Spiegel und wie die Geometrie des Daches Erde und Himmel verbindet. Natürlich ist dies alles mit grosser Präzision konstruiert, jedes Material ist bewusst gewählt, jede Fuge und jeder Übergang wäre eine vertiefte Betrachtung wert. Die Poesie der Architektur Scarpas liegt in meinen Augen jedoch nicht in der unzweifelhaft raffinierten und kostbaren, mitunter aber auch etwas detailversessenen handwerklichen Umsetzung, sondern in einem Verständnis von Material basierend auf Geschichte, Architektur und Natur, das wohl nur auf dem reichhaltigen Humus der Serenissima gedeihen konnte. Scarpa ist Venedig, die Lagune, das Erbe Palladios und Tiepolos. Sogar das natürliche Licht hat er als Material verstanden. In keinem Projekt kommt dies besser zur Geltung als bei der Gipsoteca Canovaviana in Posagna, Treviso. Wie setzt man die weissen Gipsskulpturen Canovas ins Licht? Wie verleiht man dem amorphen Material Gips Tiefe und Plastizität? Scarpa schneidet die Gebäudeecken auf, er subtrahiert vom Gebäudevolumen die tendenziell dunklen Ecken und ersetzt sie durch Volumen aus Licht. Dadurch fällt das natürliche Licht bei jedem Sonnenstand in den Raum. Die Skulpturen werden vom Licht umspült, wie wenn sie im Freien stünden. Dass die Glasscheiben nicht durch Profile gehalten und verbunden werden, könnte als untypisch für das Werk Scarpas interpretiert werden. Die Gebäudeecke wird dadurch entmaterialisiert, der Übergang zwischen Innen und Aussen wird aufgehoben. Scarpa wollte kein Fenster, er wollte das Blau des Himmels ausschneiden und den Himmel in den Raum holen.

Gipsoteca Canovaviana in Posagna, Treviso, 1955–1957

29
Scarpa 1981, S. 81.

LERNEN VON JULIAN HARRAP
Uli Herres

In der dicht bebauten Londoner City steht eine einzelne Säule, deren Kapitell kein Gebäude, sondern eine vergoldete Urne trägt. *The Monument*, erbaut von Robert Hooke und Christopher Wren, erinnert seit gut 300 Jahren an den verheerenden Stadtbrand des Jahres 1666, und trotz der enormen Grösse von über 60 Metern wirkt es im Kontext der umliegenden neueren Bebauung eher bescheiden. Über eine Wendeltreppe mit mehr als 300 Stufen gelangen Besucher auf das Kapitell, das eine beliebte Aussichtsplattform in spektakulärer Umgebung ist.

Vor einigen Jahren wurde das *Monument* vom Londoner Architekten Julian Harrap, Spezialist für Denkmalschutz und bekannt für die Arbeit mit David Chipperfield am Neuen Museum Berlin, repariert. Der vorliegende Text möchte sich nicht anmassen, eine tiefe Analyse von Harraps Arbeit oder seiner Philosophie zu sein. Er ist eine Deutung seiner Arbeit, die im Zweifelsfall mehr über das Objekt als das Subjekt aussagt – ich sehe Harraps Arbeit durch meine eigene Brille als reparierender Architekt. Nur eine zentrale Aussage von Harraps Website sei zitiert: «We accept no distinction between the design of new buildings or elements and the restoration or repair of historic structures.»[30] Architektur im Bestand ist Entwerfen mit dem vorhandenen Material.

Zur Aufgabe der Reparatur gehörte auch, die Besucherplattform auf dem Kapitell mit einem geschlossenen Käfig zu umgeben. Ein solcher Käfig wurde bereits im 19. Jahrhundert nach einigen tragischen Zwischenfällen installiert, sollte aber nun ersetzt werden. Für eine solche Aufgabe gibt es verschiedene Ansätze. Den «akademischen» könnte man nennen, wenn das Neue in inszeniertem Kontrast mit dem Alten steht. Jeder soll sofort sehen, was neu ist und was alt. Das war während meiner Studienzeit nach der Jahrtausendwende eine verbreitete Lehrmeinung. Nur wie sieht es aus, wenn der Eingriff selbst altert? Was ist, wenn das weniger Alte das Ältere kontrastiert? Und vor allem: Wie sieht das Gesamte aus, der neu entstandene Hybrid aus alter Substanz und neuem Eingriff?

Hier geht Harraps Lösung einen Schritt weiter. Sein Käfig besteht aus einem schlichten Stahlgeländer mit vertikalen Staketen, das in Brüstungshöhe rings um die Plattform läuft. Im Grundriss ein Quadrat, nimmt es die Aussenlinie des Kapitells – der Plattform – darunter auf. In den Mitten der Flächen jedoch wölbt es sich leicht nach aussen und wird auf kurze Strecke zu einer konzentrischen Parallele des Säulenschaftes. Der eigentliche Käfig darüber besteht aus konkav und konvex geschwungenen Stahlstäben, die nach oben zusammenlaufen. Dazwischen ist ein stählernes Netz gespannt.

So reduziert das Konstrukt ist, so viele Entwurfsentscheidungen stecken darin. Sie alle beziehen sich direkt auf das vorhandene *Monument*, von dem der neue Käfig nun ein Teil geworden ist – wer weiss wie lange? Diese Bezüge sind nicht nur

Julian Harrap, *The Monument*, London, 2009

30
http://www.julianharraparchitects.co.uk/philosophy/ (letzter Abruf: 02.01.2020).

formal, wie das Aufnehmen von Formen. Sie können auch metaphorisch oder symbolisch sein – sogar historische Bezüge zur barocken Entstehungszeit des Monumentes können interpretiert werden. Nicht zuletzt handelt es sich aber um eine Gesamtkomposition aus dem Alten und dem Neuen.

Die einzelnen Interpretationen überlasse ich den Betrachtenden – ich bin sicher, wer sucht, wird auch finden. Es wird klar: In Harraps Augen ist der Käfig ein Teil des Bestandes geworden. Dieses Teil kann nur entworfen werden, wenn das Gesamte verstanden worden ist. Das gilt ganz pragmatisch für jede Reparatur: Nur wer das kaputte oder zu ergänzende versteht, kann es wirkungsvoll reparieren. Hier geht es noch weiter: Nicht nur die Technik, auch die Form, vielleicht die Symbolik oder der Ausdruck muss als Ganzes gedacht werden. Er entwirft keinen Käfig, sondern das *Monument* (zumindest in Teilen) neu. Jeder Eingriff verändert das Original – übrigens auch ein plakatives Kontrastieren. In dieser Herangehensweise liegt einerseits eine enorme kreative Freiheit, die aber paradoxerweise in sehr engen Grenzen passieren muss. Der Bestand gibt den Rahmen vor, innerhalb dessen sehr vieles passieren kann.

Ich glaube je länger, je mehr, dass Restriktionen beim Entwerfen positiv sind. Im luftleeren Raum, auf dem weissen Blatt, in der absoluten Freiheit können spektakuläre Dinge entstehen. Aber die Banalität lauert schon im Hintergrund; und Architektur besteht nicht auf dem weissen Blatt. Entwerfen mit dem Material oder der Konstruktion gibt dem Entwurf seine Rahmenbedingungen vor, die am fertigen Objekt ablesbar sind. Eiffelturm, Pont du Gard, ein Riegelhaus: All das sind Beispiele dafür, wie Architektur die Geschichte ihrer Konstruktionsweise sichtbar erzählt – und diese wiederum wird vom Material vorgegeben.

Harraps Käfig auf dem *Monument* geht einen Schritt weiter, indem er nicht nur Material und Konstruktion, sondern das vorhandene Gebäude als Regelwerk für seinen Entwurf nimmt. Dabei kann er durch den Rückgriff auf ein modernes Material (Edelstahl) den direkten Bezug zum Bestand herstellen, und dennoch den akademischen Anspruch des Kontrastierens befriedigen. Das ist ein extrem komplexer Entwurf, der dennoch nicht kopflastig ist, denn auch ohne alles Theoretisieren hat Harrap ein Gesamtbild entworfen.

Architektur muss mit der Welt verknüpft sein. Sie geschieht nicht im luftleeren Raum. Sie dient. Sie ist Mittel zum Zweck, nicht nur technisch, sondern auch kulturell. Sie hat immer eine Aufgabe, meist mehrere. Entwerfen im Bestand lehrt, sich zurückzunehmen, das genau anzuschauen, was es schon gibt, und damit zu arbeiten (man könnte in schwachen Momenten von Demut sprechen). Der Blick auf die Architektur oder die Entwurfsaufgabe muss immer wieder geweitet werden auf das, was darum passiert. Das wiederum führt zu der Frage: Warum, und für wen? Und das halte ich für gesund.

Da soll noch einer sagen, das Entwerfen im Bestand sei langweilig!

Julian Harrap, *The Monument*, London, Detail Brüstung, 2009

Hans Döllgast, Alte Pinakothek
München, neue Haupttreppe,
1952–1957

DURCHDRINGUNG IN DER ARCHITEKTURLEHRE

«Das Wichtigste ist, dass dein Verstand ständig nach neuen Dingen und deren Wechselbeziehungen sucht.»[1]

Architekturlehre, Lehre wohl schlechthin, muss eine Schule des Denkens sein. Das heisst, Fertigkeiten geistiger, aber auch manueller Art sind Werkzeuge, um dieses Denken zu stimulieren. Wissen in seiner umfassenden Dimension (intellektuelles wie intrinsisches Wissen) ermöglicht die Reflexion und damit eine Einordnung oder Zuordnung des Gedachten in seinen architektonischen Kontext. Und dies, in der Durchdringung historischer wie zeitgenössischer Aspekte, ermöglicht es, relevante entwerferische Arbeit zu leisten. Dieses Denken muss induktiv und nicht deduktiv sein. Das heisst, es kann im entwerferischen Prozess und damit in der Lehre nicht darum gehen, Ableitungen aus Regeln vorzunehmen; vielmehr muss es, wie Juhani Pallasmaa sagt, durch die Suche nach neuen Deutungen geleitet sein. Lehre heisst dann, dieses Denken im Studierenden zu entfachen und allenfalls noch darauf hinzuweisen, wo mögliche Grenzen sein könnten. Es darf aber in keinem Fall eine Grenzziehung beinhalten und muss immer eine Horizonterweiterung zum Ziel haben. Nicht der Horizont des Lehrers, sondern der Horizont des Schülers ist bestimmend, auch wenn damit der Horizont des Lehrers durchaus auch eine Aufweitung erhalten wird.

Aurelio Galfetti, Flora Ruchat & Ivo Trümpy, Pablo Casals Aguirre, Bagno Publico, Bellinzona, 1967–1970

1
Juhani Pallasmaa über Schreiben, Lehren und Phänomenologe werden: https://architecturaldesignschool.com/juhani-pallasmaa-writing-92060 (letzter Aufruf: 24.07.2020).

← Behnisch & Partner, Frei Otto, Fritz Leonhardt, Wolfhardt Andrä und Jörg Schlaich, Olympiapark, München, 1972

Und damit muss die Lehre, insbesondere in den finalen Jahren einer Ausbildung, immer wieder die Grenzziehungen infrage stellen, die aus der Vermittlung von Wissen folgen. Da wird und muss die Lehre der Architektur immer die «Hände», wie sie Vilém Flusser als «Geste des Machens» in seinem Buch *Gesten* so treffend umschreibt, aktiv miteinbeziehen: «Die Hände spüren den Widerstand des Rohmaterials und reagieren mit Verletzungen. Das ist die ‹Geste des Untersuchens›. Durch diese Geste wird das Material vernommen, sogar durchdrungen, und die Hände entdecken im Material seinen Widerstand gegen den Wert, der ihm aufgezwungen wird.

Lehrstuhl A. Spiro, Lehmgewölbe ETH Zürich, 2013–2014

Die Beobachtung der Geste des Machens zeigt den Unterschied zwischen Verstehen und Untersuchen auf. Wir verstehen die Welt, wenn wir Gegenstände vergleichen. Die Gegenstände zu untersuchen, heißt, sie dazu zu provozieren, dem Druck der Hände Widerstand zu leisten und sie so zu zwingen, ihre inneren Strukturen zu enthüllen.»[2]

Der Entwurf, als die Kernkompetenz architektonischen Wirkens – von der Innenarchitektur über die Landschaftsarchitektur und den Städtebau bis zur Architektur des Bauwerks – muss in dem ihm eigenen Wesen gestützt werden. Der Begriff Entwerfen, aus der textilen Produktionsform des Webens kommend, umfasst das Schaffen eines Bildes aus einer Herstellungstechnik. Für die Architektur muss der Prozess des Entwerfens den Herstellungsprozess von der Skizze bis zum Bauwerk umfassen, er ist dadurch ganz eng mit dem Konstruieren, wie es in diesem Buch beschrieben wird, verknüpft.

Wirkliches Erfahren als unabdingbare Basis architektonischen Entwerfens geschieht im Dialog von Verstehen und Untersuchen. Die Lehre muss dies möglich machen. Dazu sind entsprechende Übungsanordnungen zu gewährleisten. Der Atelierunterricht hat sich in dieser Beziehung über Jahrhunderte bewährt und bietet sicher noch heute eine gute Ausgangslage. Allerdings ist die Ausgangslage des Zeichentisches als Kernelement dieses Ateliers durch die Digitalisierung neu zu deuten, und damit sind auch die Konstellationen der Lehrräume neu zu konzipieren. Diese neuen Arbeitsanordnungen müssen die heute noch oft sehr starren Ausgangslagen verdrängen. Das Atelier muss zum Labor werden, wobei eine möglichst flexible Bestückung mit unterschiedlichen Werkzeugen angestrebt werden muss. Diese Werkzeuge müssen sowohl analog wie digital sein, das heisst, die digitalen Werkzeuge sind, neben den bekannten analogen Werkzeugen, in das Machen zu integrieren. Nur so kann der Gefahr der weiteren Spezialisierung innerhalb des Berufsfeldes der Architektur durch die Digitalisierung entgegengewirkt werden. BIM mag durchaus ein adäquates Arbeitsmodell

Wladimir Grigorjewitsch Schuchow, Funkturm, Moskau, 1922

m Planungsprozess sein, für die zentrale Ebene des Entwurfes muss seine Rolle aber kontinuierlich kritisch hinterfragt werden. Allerdings offenbart dieses Arbeitsmodell eine wichtige Komponente des heutigen Planungsprozesse, welche in der Entwurfslehre eingefordert werden muss. Jedes Bauwerk, das heute erstellt wird, muss integral als Ergebnis einer Arbeit im Team verstanden werden, und dies muss auch in der Lehre das Arbeitsumfeld beeinflussen und in der Betreuung gewährleistet sein.

In diesem Umfeld ist die Rolle des Lehrers die des kritischen, aber empathischen Störenfriedes, der die Interaktion von Denken und Machen und eine kritische Reflexion beim Schüler initiiert. Er stimuliert die Durchdringungen innerhalb der vielschichtigen Ablagerungen, die den Humus des Entwerfens bilden.

SPEKULATIVE RECHERCHE

Entwerfen wird dann produktiv, wenn dabei spekulativ neuartige Lösungsansätze postuliert werden. Diese sind kaum neu im Sinne unbekannter Vorstellungen, sondern meist nur neu im Sinne der Verknüpfung unterschiedlicher Parameter einer Aufgabenstellung. Damit betrifft diese Spekulation vor allem den Aspekt der Programmierung. Die Programmierung prägt als zentraler Ausgangspunkt die entwerferische Arbeit. Die räumliche Artikulation, zu oft als die eigentliche Aufgabe der Architektur missverstanden, ist innerhalb einer spekulativen Recherche immer nur das räumliche Ergebnis der Interpretation der Programmierung. Sie erhält ihre Notwendigkeit im Entwurfsprozess aber darin, dass sie eine systematische Überprüfung der Tauglichkeit der entwerferischen Hypothesen erst ermöglicht. Damit folgt ein Entwerfen, das als spekulative Recherche angelegt ist, den Anforderungen einer wissenschaftlichen Herangehensweise, indem es systematisch und nachvollziehbar eine Problemlösung erarbeitet. Entwerfen im Umfeld der Lehre muss dazu das Experiment in den Mittelpunkt stellen, aber gleichzeitig eine kritische Reflexion schulen.

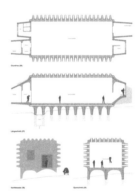

Roman Hutter, Projekt im Masterstudiengang, Fokus Material: Das geklebte Haus, HS11

Pepita Bernasconi, Projekt im Masterstudiengang, Fokus Material: Bahnhofsareal Brünig, FS18

FREI OTTO UND DAS PRINZIP LEICHTBAU – EIN DIKTAT UNSERER ZEIT?!
Uwe Teutsch

Frei Otto hat, wie kaum ein zweiter Architekt der zweiten Hälfte des 20. Jahrhunderts, durch seine lebenslange Beschäftigung mit «natürlichen Konstruktionen»[3] und der konsequenten Einbeziehung des Menschen (Nutzers) sowie der
Berücksichtigung von örtlicher und klimatischer Einflüsse in seine Planung dem
Bauen neue Impulse und eine Fülle neuer Ideen gegeben. Er ist der Begründer des
Prinzips Leichtbau und schaffte somit die Grundlagen für ein nachhaltiges, ressourcenschonendes Bauen – und dies schon jahrzehntelang bevor die Aktualität
dieser Themen andere Bauschaffende beschäftigte.
Nichts hat unsere natürliche Umwelt und unsere Erde so stark verändert wie
die Bauten des Menschen und deren Folgen. Waren die Menschen am Anfang
ihrer Entwicklung noch Nomaden und war somit die Leichtigkeit ihrer Bauten
eminent wichtig, so veränderte sich das Gebaute mit der beginnenden Sesshaftigkeit zu schweren, dauerhaften Konstruktionen. In der heutigen Zeit werden
jährlich etwa zehn Milliarden Tonnen an Stahlbeton verbaut und die Zement-
industrie ist für mehr CO_2-Ausstoss verantwortlich als der gesamte Flugverkehr
weltweit.[4]
Heute ist leichtes und ressourcenschonendes Bauen – im Hinblick auf das rasante
Wachstum der Erdbevölkerung, der damit einhergehenden Ausbeutung und
Umweltverschmutzung der Erde, befeuert durch das permanente Streben nach
wirtschaftlichem Wachstum und die daraus resultierende, immer schneller vor-
anschreitende Erderwärmung – aktueller denn je. Wie können Frei Ottos Vorstellungen von «natürlichen Konstruktionen», welche nach dem Prinzip Leichtbau
entwickelt werden, Vorbild für ein zukunftsträchtiges Bauen und Basis einer
Konstruktionslehre sein, die ihren Teil zur Verlangsamung des Klimawandels
beitragen kann und muss?

Frei Otto, Montreal, 1967

3
Otto 1982.

4
Vgl. Kurzanalyse VDI ZRE 2013.

Natürliche Konstruktionen und das Prinzip Leichtbau

Im Fokus von Frei Ottos Schaffen stehen die Konstruktion und das Tragwerk: «Ich interessiere mich für die Grundlagen der Architektur. Und die Grundlage der Architektur ist die Konstruktion.»[5] In seiner Definition sind alle materiellen Objekte Konstruktionen der Natur, welche aus kleineren Teilen und Elementen zusammengesetzt sind. Entsprechend durchzieht der Begriff der natürlichen Konstruktion sein gesamtes Werk – und «wenn wir hier von natürlichen Konstruktionen sprechen, dann meinen […] wir jene Konstruktionen, die mit besonderer Klarheit die physikalischen, biologischen und technischen Prozesse zeigen, die Objekte erzeugen.»[5] Er fährt fort: «Wenn auch die Technik ein Werkzeug des Naturobjektes Mensch ist, mit dem sich eine Art gegen alle übrige Natur behauptet, und also die Technik gegen die Natur gerichtet ist, somit widernatürlich ist, so verstehen wir sie als Produkt des Menschen und dadurch dennoch als Teil der Natur. Der Mensch beherrscht die Natur. Er hat sie sich nutzbar gemacht […;] mehr und mehr sucht er nach Wegen, sie zu erhalten, versucht nicht mehr gegen sie anzukämpfen, sondern ein Teil von ihr zu sein. Sein dazu eingesetztes Mittel ist die naturnahe Technik. Diese meinen wir auch, wenn wir von natürlichen Konstruktionen sprechen.»[6]

Frei Ottos Definition natürlicher Konstruktionen hat somit nichts mit einem simplen Nachbau und Kopieren von Tragwerken, wie sie in der Natur vorkommen, zu tun. Im Vordergrund steht das Verständnis dafür, wie es zu dieser Leichtigkeit kommt. Nicht der simple Nachbau von Konstruktionen der Natur führt zu intelligenten Strukturen, sondern das Verständnis dafür, wie und warum sich dieses Prinzip der Verringerung der eigenen Masse in der Natur ausbildet und welche Prinzipien dahinterstehen. «Die Form relativ leichter Konstruktionen ist selten zufällig. Sie ist zumeist das Resultat von Entwicklungs- und Optimierungsprozessen, die, aus welchem Grund auch immer, dem Prinzip der Verringerung der eigenen Masse folgen. Dieses nennen wir das Prinzip Leichtbau.»[7] Diese Prozesse der Formbildung oder Gestaltbildung in der Natur werden Selbstbildungsprozesse genannt, da sie vom menschlichen Einfluss unabhängig sind. Es sind gestaltbildende Prozesse, die auf biologischen (genetischen) und physikalischen Prinzipien beruhen.

5	6	7
Otto 2005, S. 17.	Ebd.	Otto 1997, S. 11.

Als Wissenschaftler hat sich Frei Otto vor allem mit physikalischen Selbstbildungsprozessen in der Natur auseinandergesetzt und diese in Modellen dargestellt,
mit deren Hilfe Formfindungs- und Optimierungsprozesse der Natur verstanden
beziehungsweise abgebildet werden können. Im Vordergrund stehen dabei für
Frei Otto Selbstbildungsprozesse, die aufgrund vorgegebener Restriktionen und
der Naturgesetze im Experiment sichtbare Formen und Konstruktionen ergeben.
In der Natur gibt es unterschiedliche Grade an Selbstbildung. So findet ein Seil
zwischen zwei Auflagerpunkten unter Last von alleine seine Form (formaktiv),
während ein stabförmiges Gitterwerk, wie das Tragwerk der Multihalle, dessen
Form über die Umkehrung eines Hängemodells entwickelt wird, aktiv in seine
Form gebracht werden muss. In beiden Fällen sind allerdings wesentliche Konstruktionsprinzipien der Gestalt aufgrund physikalischer Gesetzmässigkeiten gegeben und vom Entwerfer unabhängig. Im Fall von rein zugbeanspruchten Konstruktionen entsteht die Form von selbst, bei druck- und biegebeanspruchten
Strukturen können Hängemodelle dazu dienen, für den Eigengewichtslastfall die
biegefreie Form zu finden. Jedoch braucht es weitere Massnahmen, um die Stabilität zu gewährleisten, worauf das Hängemodell keine Antworten gibt. Hier ist
nun der Konstrukteur im konventionellen Sinne gefragt, diese Massnahmen zu
entwickeln und über statische Berechnungen oder Versuche zu verifizieren.
Die Anwendung dieser gestaltbildenden Prinzipien auf Tragwerke führt konse-
quenter Weise zu dem Begriff der naturnahen Technik beziehungsweise der
natürlichen Konstruktionen und definiert das Prinzip Leichtbau nach Frei Otto.

Gestaltbildende Prozesse, Form und Methoden
Das Prinzip Leichtbau nach Frei Otto ist somit inhärent mit der Erforschung von
Selbstbildungsprozessen in der Natur verbunden. Nur wenn die Gestalt, also die
Form, die im Leichtbau stets direkt mit dem Tragwerk verbunden ist, nach dem
Prinzip Leichtbau entwickelt wird, kann eine Konstruktion auch leicht sein.
Die Analyse von Prozessen ist ein Mittel für Frei Otto, um aus deren Synthese
zu besseren Entwürfen zu gelangen und nachvollziehbare Methoden zum Entwerfen im Leichtbau als Hilfsmittel für andere zur Verfügung zu stellen: «Erst
mit der direkten Kopplung des analytischen Repertoires mit den Methoden des
Entwerfens und Konstruierens und besonders durch das Einschalten selbstab-
laufender Prozesse des Optimierens und der Positivauslese können die Schritte
für ein leichteres, energetisch sparsameres und vielleicht auch ästhetisches Bauen
getan werden.»[8]

Seilnetz, Deutscher Pavillon,
EXPO 67, Montreal

**a | Nicht ausgekreuzt:
nicht stabil
b | Diagonale Seile nicht
vorgespannt: Druckdiago-
nale wird schlaff, nur
Zugdiagonale wirkt
c | Diagonale Seile vorge-
spannt: Vorspannzustand
ohne Last
d | Diagonale Seile vorge-
spannt: Zustand mit Last,
Verschiebung f/2 im Vergleich
zu f ohne Vorspannung**

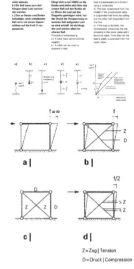

Jörg Schlaich, Prinzip der
Vorspannung

Im Folgenden werden die Methoden aufgezeigt, welche den entwerfenden Architekten und Ingenieur dazu befähigen, leicht zu bauen. Dabei wird versucht, die Methoden des Strukturleichtbaus, wie sie auch von Werner Sobek[9] und Jörg Schlaich[10] dargestellt werden, direkt abzuleiten von den entsprechenden Selbstbildungsprozessen, die Frei Otto untersucht hat. Neben der Beschreibung dieser Prozesse und der Bauwerke, die durch Frei Otto auf Basis dieser Erkenntnisse entworfen wurden, wird auch eingegangen auf nachfolgende Entwicklungen, welche durch Frei Ottos Schaffen inspiriert und angestossen wurden.

Vorspannung
Mithilfe der Vorspannung können ungünstige Druckkräfte in Zugkräfte umgewandelt werden. Die mit vorgespannten Seilen ausgekreuzte Stabviereckmasche ermöglicht ein Aufnehmen von Druckkräften durch Abbau von eingeprägten Zugkräften. Die Aufnahme von Druckkräften über Abbau von Zugkräften ist statisch gleichwertig, eliminiert jedoch das Problem der Stabilität, solange die Vorspannung hoch genug ist. Ein weiteres Beispiel nach Schlaich ist das zwischen zwei Punkten vertikal gespannte Seil, welches eine Last aufgrund der Vorspannung auf Zug nach oben und auf Druck nach unten abträgt.[11]

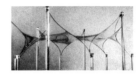

Seifenhautmodelle: Sternwellenzelt und Vierpunktzelt

Durch die Forschung an Seifenhäuten und deren Eigenschaften konnte Frei Otto die Grundlagen für die Gesetzmässigkeiten und Wirkungsweise von Membranflächen formulieren. Entscheidend ist die Form der Membranfläche, die grundlegend ist für ihre Wirkungsweise und den Kraftfluss. Durch die Verwendung von destilliertem Wasser und Spülmittel ist es gelungen, Seifenhautflächen zu erzeugen, die sich in geschlossenen Rahmen, beim Eintauchen in dieses Medium, aufspannen. Durch Ausbildung der Rahmen in Raumkurven erhält man so räumlich gekrümmte Membranflächen, die an jedem Punkt der Fläche gegensinnig gekrümmt sind. Membranen können somit nicht frei entworfen werden, sondern sie entstehen innerhalb eines vorgegebenen Rahmens «von selbst».

Eine direkte Umsetzung von Seifenhäuten in technische Membranflächen ist jedoch nicht zwangsläufig gegeben, da Seifenhäute keine Lasten ausser ihr Eigengewicht aufnehmen und somit auch Flächen entstehen können, die sehr geringe Krümmungen aufweisen. Flächen mit geringen Krümmungen zeigen in einer praktischen Umsetzung zu geringe Steifigkeiten. Ebenso ist die Spannungsgleichheit in alle Richtungen, wie sie bei Seifenhäuten gegeben ist, in einer Membranfläche nicht zwingend.

Tanzbrunnenzelt, Köln, und Vierpunktzelt, Kassel

9
Vgl. Sobek 1995.

10
Vgl. Schlaich 2000.

11
Vgl. ebd.

Durch unterschiedliche Vorspannungsgrade in verschiedene Richtungen lassen sich Seifenhautformen in der baulichen Umsetzung in bestimmten Grenzen verändern. Der Einsatz von Vorspannung in der Umsetzung von Seifenhäuten in konstruktive Membranflächen ist eine wesentliche Erkenntnis aus Frei Ottos Forschung zu Seifenhäuten und eines der notwendigen Prinzipien im Leichtbau, wie auch Jörg Schlaich in seinem Aufsatz zum Leichtbau ausführt.[12]

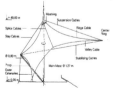

Die Erforschung dieses physikalischen Selbstbildungsprinzips und deren Umsetzung in Modellstudien führten zu wichtigen Konstruktionsprinzipien von Zeltkonstruktionen. Der Bau von Vierpunktzelten, Buckelzelten und bogengestützten Zelten zeigt die Umsetzung der Erkenntnisse aus der Grundlagenforschung von Membranflächen an Seifenhautmodellen: Erstens sind Druckkräfte über kurze Wege zu leiten, da ansonsten die Stabilitätsproblematik zu unnötigen Mehrmassen führt. Zweitens sind über lange Wege zu leitende Druckkräfte in selbststabilisierende Systeme einzubinden (Speichenrad und Vorspannung).

König-Fadh-Stadion, Riad

Als Folge dieser Erkenntnisse und Umsetzung von Membrankonstruktionen durch Frei Otto entstanden weit gespannte Membrandächer für Stadien, wie das König-Fadh-Stadion in Riad (1985) von Horst Berger und Schlaich Bergermann und Partner. Besonders zu erwähnen ist das Stadiondach der Mercedes-Benz-Arena in Stuttgart, ebenfalls von Schlaich Bergermann und Partner entwickelt.

Die nach dem Speichenradprinzip konstruierte Überdachung ist ein in sich verspanntes System aus Radialseilen (Speichen), welche zwischen einem inneren Zugring (Nabe) und zwei aussen liegenden Druckringen (Felge) vorgespannt und stabilisiert werden. Ein Prinzip des Leichtbaus ist es, dass Druckkräfte über kurze Wege geführt werden, um aus Gründen des Knickens nicht unnötig schwere Druckelemente verwenden zu müssen. Sind lange Druckelemente notwendig, so müssen diese in selbststabilisierende Systeme eingebunden sein, wie dies exemplarisch bei der Felge des Speichenrades geschieht. Sie wird durch die in regelmässigen Abständen angreifenden Speichen gegen Knicken gesichert.[13]

Mercedes-Benz-Arena, Stuttgart

Neben den obigen beiden Grundregeln des Leichtbaus bezüglich Druckkräften, weist Werner Sobek noch auf das Prinzip des Kurzschliessens innerer Kräfte in einem Tragsystem hin, was in der Regel zu gewichtsarmen Tragwerken führt und die Fundation entlastet.[14] Dies ist bei einem Speichenrad inhärent gegeben, werden doch die Vorspannkräfte der Speichen durch die Felge (Druckring) und die Nabe (Zugring) im Gleichgewicht gehalten und das horizontal liegende Speichenrad gibt nur vertikale Kräfte an die Fundation ab.

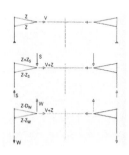

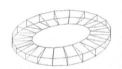

12	13	14
Vgl. Schlaich 2000.	Vgl. Sobek 1995.	Vgl. ebd.

Prinzip Speichenrad,
Mercedes-Benz-Arena, Stuttgart

Massstäblichkeit und Spannweiten
Die Ausbildung von Seilnetzen unterliegt ähnlichen Grundsätzen wie Membrane beziehungsweise Membranflächen, und somit sind auch diese Tragwerke Frei Ottos mit seiner Forschung an Seifenhäuten verbunden. Frei Otto entwarf ab den 1960er Jahren sehr leichte und weit gespannte Flächentragwerke aus Netzen, welche durch längs und quer verlaufende Drahtseile gebildet werden, die mit Klemmen in den Kreuzungspunkten verbunden sind. Inspiriert durch den Entwurf der Raleigh Arena, den er beim Besuch im Büro von Fred Severud während seines Stipendiums in den USA kennenlernen durfte, beschäftigte sich Frei Otto schon in seiner Dissertation *Das hängende Dach* mit Seilnetzkonstruktionen. Die Forschung an diesen Strukturen führte zum Entwurf des Deutschen Pavillons für die EXPO 67 in Montreal zusammen mit Rolf Gutbrod, womit ihm der internationale Durchbruch als Architekt gelang.

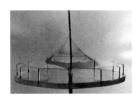

Seifenhautmodell, Versuchsbau zum Deutschen Pavillon, EXPO 67

Der Deutsche Pavillon ist eine etwa 8000 Quadratmeter grosse Fläche aus Hoch- und Tiefpunkten, welche aus Modellstudien von Netzen, die an augenförmigen Seilschlaufen auf- und abgespannt sind, entwickelt wurde. Die Hochpunkte des Seilnetzes werden durch acht Masten von maximal 37 Meter Höhe gebildet, deren Abstände nicht grösser als 40 Meter sind. Diese geometrischen Verhält-

Inspirationsmodell zum Deutschen Pavillon, EXPO 67

nisse ermöglichen es, das Seilnetz stark genug zu krümmen und so die inneren Kräfte im Netz und in den Masten klein zu halten. Die Seilnetze des Deutschen Pavillons bestanden aus 12 Millimeter dicken Seilen aus Gussstahldrähten mit quadratischen Maschen von 50 Zentimetern Länge, die Rand- und Gratseile wiesen einen Durchmesser von 54 Millimetern auf. Durch ein hydraulisches An-

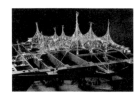

Messmodell zur Ermittlung der einzelnen Seilkräfte im Netz

heben der Masten wurde der notwendige Vorspannzustand im Netz erzeugt.
Der Deutsche Pavillon war Wegbereiter für die Seilnetzdächer des Olympia-stadions in München, mit denen Behnisch & Partner den Wettbewerb 1967 gewannen. Die Realisierung der Dächer erfolgte unter Zuzug von Frei Otto und den Ingenieuren Fritz Leonhardt und Jörg Schlaich.
Vergleicht man den Deutschen Pavillon und das Dach des Olympiastadions mit-einander, so fällt der Massstabssprung auf. Mit einer Fläche von 34500 Quadrat-metern ist das Stadiondach etwa viermal so gross wie der Deutsche Pavillon. Die sattelförmig gekrümmten Seilnetze werden an acht Masten aufgehängt, die eine Höhe von 76 Metern aufweisen. Durch die etwa dreimal so grossen Spann-weiten und die geringeren Krümmungen der Netze im Vergleich zum Deutschen Pavillon nehmen die Kräfte in den Abspann- und Randseilen stark zu. Gepaart mit den doppelt so hohen Masten führt dies, aufgrund der Stabilität, zu sehr massiven Stützenquerschnitten und schweren Verankerungsdetails der Ab-spannseile an den Mastköpfen sowie zu enormen Schwergewichtsfundationen, um die Zugkräfte des inneren Randseiles im Baugrund zu verankern.

Deutscher Pavillon, EXPO 67 Bauzustand mit fertigem Seilnetz, 1969

Frei Otto hat sich stets von dem Bau in dieser Form distanziert, wollte er doch das Dach mit kleineren Spannweiten und nicht immer gleichen Seilnetzformen realisieren: «Wir erleben [...], wie unsere Leichtkonstruktionen, entwickelt für eine materialsparende Architektur [...], zur Gigantomanie entfremdet wurden.»[15] Die Massstäblichkeit zu wahren in Bezug auf die zu wählenden Spannweiten, ist bei nicht rein auf Zug beanspruchten Konstruktionen eine Grundregel des Leichtbaus. Dieser sogenannte Massstabseffekt, auf den schon Galileo Galilei durch den Vergleich eines dünnen Vogelknochens mit einem plumpen Dinosaurierknochen hinwies, führt auf die Ebene des Fügens und Konstruierens. Die Einleitung und Ausleitung von Kräften in den Fügungspunkten von hochfesten Zugelementen mit Druckelementen sind problematisch. Gleiches gilt auch bei der Kombination von Materialien stark unterschiedlicher Festigkeiten. Galileo Galileis Hinweis auf den Massstabseffekt ist in Bezug auf vorwiegend biegebeanspruchte Konstruktionen noch frappierender. Dies zeigt Jörg Schlaich in seinem Artikel «Leichtbau»[16] anhand eines Einfeldträgers eindrücklich. Die Querschnittshöhe eines biegebeanspruchten Balkens mit Rechteckquerschnitt, der nur sein Eigengewicht tragen muss, wächst nicht proportional zu seiner Spannweite, sondern mit ihr im Quadrat. Wird die Spannweite verzehnfacht, so erhöht sich die notwendige Balkenhöhe auf das 100-Fache! Sein Eigengewicht gar um das 1000-Fache!

Dies zeigt eindrücklich, dass Konstruktionen mit grossen Spannweiten im Verhältnis zu ihrer Tragfähigkeit immer schwerer werden, weshalb grosse Spannweiten im Leichtbau (ausser bei rein zugbeanspruchten Konstruktionen) zu vermeiden sind.

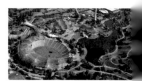

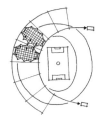

Olympiapark, München

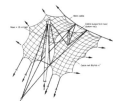

Olympiadächer, München

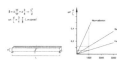

Massstabseffekt nach Galileo Galilei und Massstabseffekt beim rechteckigen Einfeldträger nach Schlaich

15
Otto 1975, S. 14.

16
Vgl. Schlaich 2000.

Zugkräfte können auch über lange Wege gewichtsarm geführt werden

Der intuitiv am klarsten verständliche Selbstbildungsprozess in der Natur ist das Prinzip der Kettenlinie. Wird eine Kette zwischen zwei Punkte gehängt, so bildet sich der Verlauf der Kette und somit deren Form von selbst, nämlich die Kettenlinie. Diese stellt eine Optimalform dar, die nur Zugkräfte, keinen Druck und keine Biegung kennt und bei Auslenkung von selbst wieder in eine Gleichgewichtsform zurückkehrt (Formaktivität von Zugkonstruktionen). Solche rein auf Zug beanspruchte Konstruktionen eignen sich für sehr grosse Spannweiten bei minimalem Materialverbrauch, da Stabilitätsprobleme nicht auftreten können. Lediglich grossen Auslenkungen dieser Systeme unter veränderlichen Lasten muss sinnvoller Weise begegnet werden, sei es durch gegensinnige Krümmungen in räumlichen Zugkonstruktionen, Abspannungen oder auch Vorspannung. Reine Hängesysteme, die nur eine einfache Krümmung aufweisen, wie es oft bei Hängedächer der Fall ist, können aus diesem Grund nicht vorgespannt werden und müssen durch genügend Eigengewicht gegen zu grosse Formänderungen aus wechselnden Lasten stabilisiert werden.

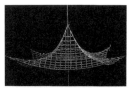

Frei Otto hat schon in den 1940er Jahren, während seiner Kriegsgefangenschaft in Frankreich, erkannt, wie er das Prinzip des Selbstbildungsprozesses von Zugkonstruktionen durch das Umkehrprinzip auf rein druckbeanspruchte Konstruktionen übertragen kann. Jedoch ist nun dem Problem des Knickens oder Beulens bei flächigen Druckkonstruktionen, wie Gewölben oder Schalen, Rechnung zu tragen. Dies führt dazu, dass die Stabilität von flächig druckbeanspruchten Bauteilen durch die Formgebung zu sichern ist, wie Sobek im oben genannten Artikel[17] als eine der Grundregeln des Leichtbaus ausführt. Druckbeanspruchte Flächen müssen als doppelt gekrümmte Flächen ausgeführt werden, um so gegen Beulen ausgesteift zu sein.

Kettenlinien und Modell eines Hängedaches

Biegebeanspruchung, zugunsten von Zug- und Druckbeanspruchungen, meiden

Das Umkehrprinzip, gekoppelt mit den Erkenntnissen aus der Beschäftigung von Netzen – nämlich, dass jedes Gitter aus Viereckmaschen mit veränderlichem Knotenwinkel und elastischen, biegsamen Stäben zu einer doppelt gekrümmten Form gebracht werden kann –, führt zur Entwicklung der Gitterschalen. Die Form der Multihalle in Mannheim, der grössten «Druckkonstruktion» Frei Ottos, wurde durch ein Hängemodell mit einem Kettennetz mit viereckigen Maschen gefunden. Die Beeinflussung der gewünschten Form erfolgte durch die Vorgabe der Randgeometrie und der Länge beziehungsweise dem Durchhang des Netzes. Durch die Umkehrung der Form ergibt sich ein flächiges Gitterwerk, das unter seinem Eigengewicht eine rein auf Druck beanspruchte Konstruktion darstellt.

Hängemodell Multihalle

17
Vgl. Schlaich 2000.

Multihalle Mannheim

Frei Otto verwendete in Mannheim einen ebenen Lattenrost. Dieser bestand aus jeweils zwei übereinander angeordneten Gitterlagen aus 5 x 5 Zentimeter starken Latten, die in den Knoten durch zentrale Bolzen gelenkig übereinander gefügt wurden. Nach dem Auslegen des Rostes auf der Baustelle wurde dieser an mehreren Punkten durch Hochdrücken in die endgültige räumliche Form gedrückt, wobei sich die Latten des Rostes elastisch bogen und sich die quadratischen Maschen verrauteten. So entsteht eine räumliche, doppelt gekrümmte Fläche, die durch ein Versteifen der Ränder und ein Versteifen der gelenkigen Knoten stabilisiert wurde und somit keine weiteren Winkeländerungen der Maschen auftreten konnten.

Innenansicht der Gitterschale

Besonders eindrücklich aus Sicht des Ingenieurs ist die Einfachheit der Konstruktion, gepaart mit dem simplen Bauablauf, der zu einer Selbstbildung der Form durch punktuelles Hochdrücken geführt hat.

Innen- und Aussenseite der Dachhaut

Um eine Membrantragwirkung, also rein axiale Kräfte innerhalb der Fläche, unter veränderlichen Lasten zu erzielen und Biegebeanspruchungen klein zu halten, müssen die Viereckmaschen durch Diagonalen zu Dreiecksmaschen ausgekreuzt werden. Diese Diagonalen sind aufgrund der doppelt gekrümmten Fläche alle unterschiedlich lang; und sollen die Maschen einzeln eingedeckt werden, so sind gebogene Flächen notwendig. Die Weiterentwicklung der Gitterschalen Frei Ottos durch Jörg Schlaich und Hans Schober führte zu Translationsnetzschalen, die den Vorteil aufweisen, die Maschen durch ebene Flächen eindecken zu können, was ökonomisch entscheidend ist. Die Versteifung der doppelt gekrümmten Fläche aus Viereckmaschen zur Erzielung eines Schalentragwerkverhaltens mit vorwiegend Axialkräften in der Ebene der Fläche erfolgt bei den Translationsnetzschalen durch Seile, welche durch die Knoten «hindurchlaufen», die Maschen auskreuzen und an den Seilklemmen des Knotens Kräfte aufnehmen und abgeben können.

Montagezustand der Gitterschale mit Gerüsttürmen für das punktuelle Hochdrücken der Gitterschale

Materialleichtbau

Alle bislang erwähnten Methoden beziehen sich auf die Konstruktion der Tragstruktur. Die Gestalt oder Form ist laut Frei Otto von grösserer Bedeutung als das gewählte Material: «Die Form hat in der Regel einen größeren Einfluss als das Material. Konstruktive Optimierungsvorgänge sind meist Formoptimierungen.»[18] Jedoch muss jede Form auch durch ein Material erstellt werden. Dabei leuchtet prinzipiell ein, dass eine Tragkonstruktion effizienter Nutzlasten abtragen kann, wenn ihr eigenes Gewicht klein ist. Somit heisst Materialleichtbau, Werkstoffe mit einem grossen Verhältnis von Zug- (f_t) beziehungsweise Druckfestigkeit (f_c) zu spezifischem Gewicht (γ) zu verwenden. Dieser Faktor f/γ wird als Reisslänge

18
Otto 1997, S. 54.

bezeichnet. Die Reisslänge steht für die Länge, die ein Faden, der senkrecht nach unten hängt, erreichen kann, bevor er unter seinem Eigengewicht reisst. Vergleicht man Materialien miteinander, so zeigt sich, dass Holz im Vergleich zu Stahl sehr leistungsfähig ist, ebenso natürliche oder künstliche Fasern. Werner Sobek weist allerdings zu Recht darauf hin, dass die Reisslänge, je nach Werkstoff, nur begrenzt aussagekräftig ist. Zum einen wird gegen die Fliessgrenze und nicht gegen die Bruchfestigkeit bemessen. Zum anderen wird bei Leichtbaumaterialien wie Kunststoffen und Aluminiumlegierungen zum Beispiel nicht nur gegen Spitzenwerte der Beanspruchung, sondern auch gegen akkumulierte Lastkollektive oder akkumulierte plastische Verformungen dimensioniert.[19]

Interessant im Zusammenhang des Bestrebens, mit möglichst leichten Materialien zu bauen, sind Frei Otto Forschungstätigkeiten in Bezug auf pneumatische Hüllen. Die vielleicht elementarste sich selbst bildende Konstruktionsform in der Natur ist die pneumatisch gespannte Hülle. Der Pneu ist eine dünne Hülle (Membran), die zwei Medien unterschiedlichen Druckzustandes voneinander trennt. Durch den Druckunterschied wird die Membran gespannt und – in Richtung des geringen Druckes – zu einer gleichsinnig gekrümmten Fläche geformt. Ist die Hülle in sich geschlossen, so bildet sich die perfekte Kugelform aus. Ist das druckerzeugende Medium eine wässrige Lösung, so spricht man von einem Hydro. Alle Lebewesen der lebenden Natur sind aus Zellen aufgebaut und Zellen sind nichts Anderes als flüssigkeitsgefüllte Räume, die durch eine dünne Zellmembran umschlossen sind.

Im Buch *Zugbeanspruchte Konstruktionen*, in dem sich Frei Otto mit Seifenhäuten, die durch Innendruck über einer Fläche Kugelausschnitte erzeugen, sowie Seifenblasen und deren Addition zu Schaumstrukturen beschäftigt, zeigt er die vielzähligen Möglichkeiten und Gesetzmässigkeiten pneumatischer Konstruktionen auf. Zusammen mit Walter Bird, der sich ab den 1950er Jahren in Amerika intensiv mit der Entwicklung und dem Bau von luftgestützten Überdachungen (Traglufthallen) beschäftigte, ist Frei Otto als einer der Pioniere dieser Bauweise zu nennen.

Translationsnetzschale über dem Innenhof des Deutschen Historischen Museums, Berlin

Pneumatische Konstruktion aus Seifenblasen

Pneumatische Konstruktion aus einer Addition von Seifenblasen

19
Vgl. Sobek 1995.

Die Weltausstellung in Osaka 1970, die im Zeichen dieser pneumatischen Konstruktionen stand, zeigte die Vielfalt und das Potenzial der pneumatischen
Konstruktionen. In dieser Zeit entstand auch die vielbeachtete Studie eines Gross-
pneus in der Arktis, den Frei Otto mit Kenzo Tange 1970 entwickelte: eine luft-
druckgestützte, mit einem Seilnetz verstärkte Membran, die eine Siedlung von
2 Kilometern Durchmesser überdacht. Diese Konstruktion ist ein extremster
Leichtbau, mit Luft als tragendem Element und reiner Zugbeanspruchung in allen
Bauteilen. Diese Erkenntnisse zu pneumatischen Strukturen und deren geringes
Gewicht können für die Stabilisierung von Druckelementen fruchtbar gemacht
werden, wie erste Forschungsergebnisse an Tensairity©-Strukturen zeigen.[20]

Stadt in der Arktis, Projektstudie

Wenn wir von Material sprechen, so sind ausser dem Verhältnis von Festigkeit
zu spezifischem Gewicht heutzutage andere Fragestellungen noch aktueller. Will
Leichtbau ökologisch und klimafreundlich sein, so sind Aspekte wie die Er-
stellungsenergie der Materialien, die notwendige Energie durch Transport und
Umformung sowie das Recycling von grosser Bedeutung. Dies hat Einfluss auf
unsere Lehre an den Schulen, müssen doch auch Grundlagen in diesen Bereichen
vermittelt werden, um den entwerfenden Architekten und Ingenieur zu befähigen,
die richtigen Materialien zu verwenden. In Zukunft werden die graue Energie
und CO_2-Bilanz eines Materials wichtiger werden als das Verhältnis von Festigkeit
zu spezifischem Gewicht.

Fussgängerbrücke mit zwei
Tensairity–Trägern als
Einfeldbalken

Anpassungsfähige und vergängliche Bauen
Erst in den letzten Jahrzehnten haben sich die Grundsätze des Bauens bezüglich
Dauerhaftigkeit und Beständigkeit von Bauten, zumindest im Wohnungsbau, ge-
ändert. Wo früher für maximale Dauerhaftigkeit und Beständigkeit gebaut wurde,
hat nun die Erkenntnis Einzug gehalten, dass in der heutigen Zeit – mit sich schneller ändernden Gesellschaftsformen und Lebenssituationen der Menschen – eine
gewisse Anpassungsfähigkeit und auch Demontierbarkeit von Tragstrukturen
den Bedürfnissen von Nutzern und Bauherren mehr entspricht. Für Frei Otto
war dieses Thema von Beginn seines Schaffens an zentral. Seine Überzeugung
ist, dass leichte und flexible Bauweisen besser an die Bedürfnisse ihrer Nutzer
angepasst werden können.[21] In seinen Publikationen zum Thema anpassungs-
fähiges Bauen finden sich Untersuchungen über das Wachsen und Schrumpfen
von Familien sowie Kriterien, die zur Sesshaftigkeit und Mobilität des Menschen
in Bezug zum anpassungsfähigen Bauen gesetzt werden.[22]

20   21   22
Vgl. Teutsch 2009.   Vgl. Meissner 2005.   Vgl. Otto 1959; Otto 1975.

Diese Thematik des anpassungsfähigen Bauens ist aktueller denn je und führt als Konsequenz zur Entwicklung von standardisierten Bausystemen, welche flexibel erweitert oder verkleinert werden können und einfach zu demontieren und neu aufzubauen sind. An dieser Stelle ist auch Buckminster Fuller mit seiner Idee des «autonomen Hauses» (in Form von geodätischen Kuppeln) zu nennen, der eine Inspiration für Frei Otto war; ebenso der enge Kontakt zu Konrad Wachsmann und dessen Vorstellung, eine Architektur entsprechend den Gesetzen und Möglichkeiten von Technik und Industrie zu schaffen. In diesem Sinne entwarf Wachsmann mehrere Bausysteme, mit der Besonderheit, dass der Knotenpunkt der Fügung hier die eigentliche Flexibilität und Komplexität des Systems zur Aufgabe hat.

Für uns, in der heutigen Zeit, heisst es: die Lebensdauer von Bauten, wie sie teilweise in den Normenwerken vorgegeben werden, zu überdenken; zu erkennen, in welchen Zeiträumen Konstanz und wann Anpassung voraussichtlich notwendig wird und in welcher Form; in Bausystemen zu denken, diese einfach demontabel zu halten und sich vor allem mit der Wieder- beziehungsweise Weiterverwendung der Bausystemelemente zu beschäftigen.

Was bedeutet Leichtbau?

Was bedeutet nun Leichtbau für den Ingenieur und was sind die entscheidenden Themen bei dem Entwurf und der Planung leichter Tragwerke?

Leichtbau bedeutet, Tragsysteme zu wählen, die aus linearen Bauteilen, seien es Stäbe oder Seile, aufgebaut sind. Das bedeutet für den Ingenieur allerdings eine Zunahme der Komplexität seiner Aufgabe im Vergleich zu massiven Strukturen. Der Knoten hat in Stabstrukturen eine höhere Priorität und muss, da die Stäbe zumeist sehr hohe Spannungsniveaus zeigen, gleichzeitig mit dem Entwurf des Tragwerks und des statischen Systems entwickelt werden.

Das Konstruieren gewinnt noch grössere Bedeutung. Es ist immer geprägt durch die Wechselwirkung aus statischem System, Tragwerk, Bauteil, Fügung und Material. Gedacht wird vom Grossen zum Kleinen, und dann wieder zurück. Renzo Piano hat dies in einem Interview zum Bau des Centre Pompidou treffend geschildert: «Architecture is more than just putting things together. It's about the organic, about illusions, a sense of memory, and a textural approach. I must admit, though, that I still love the idea of putting parts together. I love the idea that you go from the general to the detail and then from the detail to the general. It's a double process. You cannot think about the presence of the building in the city without thinking about materiality. And when you think about materiality, you start to think about detail.»[23]

23
https://archinect.com/features/
article/31565/renzo-piano
(zuletzt aufgerufen: 12.02.2020)

Gleichzeit ist in Alternativen bezüglich des statischen Systems, der eingesetzten Werkstoffe und der daraus resultierenden Montageverfahren zu denken. Somit ist die Arbeit des Ingenieurs im Entwurfsprozess von Leichtbaustrukturen von höchster Wichtigkeit und verlangt von Anfang an nach einer engen Zusammenarbeit mit dem Architekten und Spezialisten in Bezug auf Ressourcen- und Energieeffizienz von Werkstoffen. In dieser Phase des Entwerfens ist es – auch aus Gründen der Anschaulichkeit – sinnvoll, mit physischen Modellen und experimentellen Methoden zu arbeiten, da erst das Modell den Architekten und Ingenieur befähigt, gemeinsam am Tragwerk und der Konstruktion zu arbeiten.

Auf der Tragwerksebene muss der Kraftfluss innerhalb der Struktur optimiert sein, sodass die Kräfte möglichst direkt und einfach in die Fundationen abgeleitet werden können, denn ein «Spazierenführen» von Kräften im Tragwerk führt stets zu unnötiger Mehrmasse. Im Falle von komplexen dreidimensionalen Strukturen und flächigen, räumlich gekrümmten Konstruktionen wird der Ingenieur jedoch nicht umhinkommen, sich auf eine tiefere Betrachtung mittels mathematisch-numerischer Modellen am Computer einzulassen, um Kraftpfade zu überprüfen und zu optimieren.

Auf der Ebene des Bauteils und der notwendigen Nachweise der Standsicherheit und der Gebrauchstauglichkeit wird die Arbeit des Ingenieurs auch nicht leichter. Aufgrund des hohen Spannungsniveaus der Stäbe im Leichtbau und der schlanken, oft dünnwandigen Ausbildung ihrer Querschnitte kommt Untersuchungen zur lokalen und globalen Stabilität und dem genauen Versagensverhalten einer Konstruktion (oder dem Ausfall von Bauteilen) hohe Bedeutung zu.

Die Überprüfung der Verformungen und der damit einhergehenden Gebrauchstauglichkeit ist im Leichtbau von sehr grosser Bedeutung, da diese oft massgeblich für die Bauteilquerschnitte werden. Da diese Verformungen gemeinhin gross werden, müssen Berechnungen der Verformungen geometrisch nicht linear durchgeführt werden. Dazu kommen noch Überprüfungen zu Bauwerksschwingungen, die bei kleinen Verhältnissen von Eigenlast zu den tragenden Nutzlasten häufig auftreten.

Für eine zukunftsfähige Konstruktionslehre an den Hochschulen gilt es, entsprechend obiger Aspekte Schwerpunkte in Bezug auf Stabilitätsuntersuchungen und Bauteilausformungen, nicht lineare Berechnungen – gepaart mit Traglastverfahren und Untersuchungen zu Versagensmechanismen – sowie Schwingungsuntersuchungen zu setzen.

Fazit und Gründe für Leichtbau

Es ist intuitiv klar, dass ein Bauen für grossen Spannweiten, wie es vor allem im Brückenbau notwendig ist, nur mit leichten Konstruktionen möglich ist. Dasselbe gilt natürlich auch, wenn wir in die Höhe bauen wollen – und selbstverständlich, wenn wir Flugobjekte konstruieren.

In der Vergangenheit wurde stets leicht gebaut, wenn die Lohnkosten niedrig waren im Verhältnis zu den Materialkosten und wenn grosse Spannweiten notwendig waren, was nur mit einer Reduktion des Eigengewichts möglich wurde. Frei Otto zeigt uns mit seinem Werk jedoch, dass Leichtbau eine Geisteshaltung sein muss. Er unterscheidet nicht nach der Art der Bauaufgabe. Für ihn ist leicht zu bauen auch ein Ausdruck gegen alles Schwere und Monumentale, aber noch vielmehr ein Ausdruck einer «natürlichen» Architekturform des modernen, mobilen und weltoffenen Menschen.[24] Leichtbau ist auf vielen Betrachtungsebenen sinnvoll, wie uns Frei Otto lehrt – bedingt durch die weiterhin wachsende Erdbevölkerung, die sich immer schneller entwickelnde Erderwärmung und die zunehmende Umweltverschmutzung durch Ressourcenausbeutung ist das Thema des leichten Bauens aber auch unabhängig davon aktueller denn je.

Leichtbaukonstruktionen haben in der heutigen, fast ausschliesslich auf monetäres Denken ausgerichteten Gesellschaft das Problem, dass sie teurer als schwere und massive Bauweisen sind. Dies liegt daran, dass feingliedrige Konstruktionen sorgfältig durchgebildete, arbeitsintensivere Details erfordern, zumeist mit einem höheren Planungs- und mehr Fertigungsaufwand – wobei sich dieser Nachteil mit den heutigen Fertigungsmethoden zum Teil aufheben lässt. Materialkosten sind so niedrig wie nie zuvor in der Geschichte des Bauens, was dazu führt, dass das «Klotzen» gefördert und der Leichtbau behindert wird.

Wenn wir aufhören, die Arbeit zu besteuern, und stattdessen beginnen, vor allem den CO_2-, Energie- und Ressourcen-Verbrauch sowie die Emissionen und den Transport in der Höhe zu besteuern – sodass die Kosten für die daraus resultierende Umweltzerstörung aufgefangen werden können beziehungsweise als Folge der Besteuerung nicht mehr in dem Umfang erfolgen –, dann wird Leichtbau auch günstiger als massives und schweres Bauen werden. «Weniger ist mehr, dieses Wort fasziniert mich: Weniger Häuser, weniger Material, weniger Beton und weniger Energie verbrauchen, aber menschlich bauen und aus wenig viel machen, vor dem Strich einer Zeichnung kritisch beobachten und nachdenken. Lieber gar nicht bauen, als zu viel bauen! Das waren und sind neue Ziele.»[25, *]

24
Vgl. Meissner 2015.

25
Otto: BRUTAL – BDA 1.17; https://www.bda-bund.de/wp-content/uploads/2017/12/BDA-1.17.pdf (zuletzt aufgerufen: 12.02.2020)

*Weiterführende Literatur zum vorliegenden Text:
Barthel 2005, Kull 2005, Maxton 2018, Möller 2005, Otto 1954, Otto 1959, Otto 1962

ZUR BEDEUTUNG DER KONSTRUKTION IN DER ARCHITEKTUR

«Der ‹Bastler› bewegt sich im Unterschied zum Ingenieur stets in offenen Systemen. Statt seine Mittel jedesmal neu hervorzubringen, bedient er sich dessen, was ihm jeweils gerade zur Verfügung steht.»[1]

«We both did think free», äusserte sich Frei Otto über Buckminster Fuller im Film *Spanning the Future*.[2] Sowohl Frei Otto als auch Buckminster Fuller bedienten sich der Konstruktion – im unfassenden Sinne verstanden – als Denkmodell, um ihrem freien Denken die erforderliche Ernsthaftigkeit zu geben. Nur so konnten ihre Projektideen zu noch heute massgebenden Inspirationen avancieren. Dieses konstruktive Denken könnte mit den digitalen Errungenschaften sicher neu verankert werden. Dazu ist es aber unabdingbar, dass die digitalen Werkzeuge nicht bloss der Effizienzsteigerung in Planung und Herstellung beigestellt werden, sondern dass sie in den Prozess des Konstruierens als geistige wie technische Entwurfsmethode der Architektur integriert werden. Mit ihnen kann die komplexe Vielschichtigkeit dieses Prozesses wohl kontrollierbarer gemacht werden und die kollektive Autorenschaft architektonischer Projekte im Idealfall tatsächlich effektiver gesteuert werden. Aber unsere intellektuelle Tätigkeit muss weiterhin durch ein freies Denken im Sinne eines induktiven Forschens geprägt bleiben. Und dieses Denken muss, gerade mit der überhandnehmenden digitalen Überschwemmung, wie wir sie heute erleben, immer auch durch das händische Machen und die Erfahrung mit dem gesamten Körper begleitet sein. Entsprechend schreibt Vilém Flusser: «Die Hände sind allein dann schöpferisch, wenn

1
Hanimann 1999, S. 162.

2
Vgl. https://www.youtube.com/watch?v=P5hKnOyg43k (zuletzt aufgerufen: 12.07.2020).

←
Studio Architektur & Material, Projekt «Leuchtturm» mit Studierenden der HSLU T & A, Master in Architektur, 2015

sie genötigt sind, während ihres Kampfes mit einem Rohmaterial, das sie soeben begriffen haben, neue Ideen, also Prototypen, auszuarbeiten.»[3]

Dass dies im beruflichen Alltag, der weitgehend durch wirtschaftliche Effizienz geprägt ist, schwierig umzusetzen ist, bleibt bedauerlich. Umso zentraler ist es, dass sich die Ausbildungsstätten diesem Umstand bewusst stellen. Hier ist es möglich, entsprechende didaktische wie räumliche Gefässe zur Verfügung zu stellen, und hier müssen die Lehrenden einen entsprechenden Unterricht gestalten. Dieser muss Ernsthaftigkeit abbilden, sodass eine mindestens teilweise wissenschaftliche Verhaltensweise eingefordert werden kann. Das ist anstrengend und wird heute leider noch zu wenig ernsthaft von diesen Institutionen vermittelt; auch wird dies auf dem freien Markt heute kaum berücksichtigt. Aber wollen wir im Bauwesen tatsächlich zu einer nachhaltigen Problemlösung beitragen, dann muss zwischen Lehre und Praxis eine stärkere Durchdringung erfolgen.

Durchdringung als Bedingung ist Kern der architektonischen Tätigkeit – der Konstruktion –, aber auch zentral in der Vermittlung davon, was Bauwerke leisten müssen. Und auch wenn die Ausgangslage äusserst komplex ist: Es bleibt diese faszinierende Offenheit in der Lösungsfindung.

3
Flusser 1994, S. 64.

Gion A. Caminada, Aussichtsturm,
Reussdelta, Seedorf, 2011–2012

Paul Artaria: Das Werk. Architektur und Kunst (Band 39). Zürich 1952

Rainer Barthel: «Naturform – Architekturform», in: Winfried Nerdinger (Hrsg.): Frei Otto. Das Gesamtwerk. Berlin 2005

Gernot Böhme: Architektur und Atmosphäre. Paderborn 2006

Jorge Luis Borges: Die letzte Reise des Odysseus. Frankfurt a. M. 1992

Marianne Burkhalter / Christian Sumi: Konrad Wachsmann and the Grapevine Structure. Zürich 2018

Bundesamt für Umwelt: Landschaftskonzept Schweiz – Landschaft und Natur in den Politikbereichen des Bundes. Bern 2020

André Corboz: «Entlang des Wegs: das Territorium, seine Schichten und seine Mehrdeutigkeit». In: Von Morschach bis Brunnen. Weg der Schweiz: Die Genfer Strecke. Genf 1991

André Corboz: Die Kunst, Stadt und Land zum Sprechen zu bringen (Bauwelt Fundamente Band 123). Basel 2001

Brigitte Fleck: «Editorische Notiz». In: Dies. (Hrsg.): Alvaro Siza – Stadtskizzen. Basel/Boston/Berlin 1994

Vilém Flusser: Gesten – Versuch einer Phänomenologie. Frankfurt a. M. 1994

Ute Guzzoni: «J'aime les nuages … Landschaftliches Denken». In: Dies.: Wege im Denken. Versuche mit und ohne Heidegger. Freiburg/München 1990

Joseph Hanimann: Vom Schweren – ein geheimes Thema der Moderne. München/Wien 1999

Ulrich Kull: «Frei Otto und die Biologie». In: Winfried Nerdinger (Hrsg.): Frei Otto. Das Gesamtwerk. Berlin 2005

Olof Lagercrantz: Die Kunst des Lesens und Schreibens [1985]. Frankfurt a. M. 1988

Graeme Maxton: Change – Warum wir eine radikale Wende brauchen. München 2018

Irene Meissner: «Im Gleichklang mit Natur und Technik». In: Winfried Nerdinger (Hrsg.): Frei Otto. Das Gesamtwerk. Berlin 2005

Irene Meissner: «Frei Otto – leichte, anpassungsfähige Architektur». In: Dies. / Eberhard Möller: Frei Otto – forschen, bauen, inspirieren. DETAIL Special. München 2015

Eberhard Möller: «Das Prinzip Leichtbau». In: Winfried Nerdinger (Hrsg.): Frei Otto. Das Gesamtwerk. Berlin 2005

Winfried Nerdinger (Hrsg.): Frei Otto. Das Gesamtwerk. Berlin 2005

Museum Niesky / Konrad Wachsmann Haus (Hrsg.): Holzbauten der Moderne. Die Entwicklung des industriellen Holzbaus. Dresden 2015

Eva-Maria Offermann: «Shifting Representations. The Atomic Age between Science and Design». In: Stiftung Bauhaus Dessau (Hrsg.): The art of joining: designing the universal connector. Leipzig 2019

Janet Ore: «Mobile Home Syndrome: Engineered Woods and the Making of a New Domestic Ecology in the Post–World War II Era.». In: Technology and Culture, Nr. 2, 2011

Frei Otto: Das hängende Dach. Berlin 1954

Frei Otto: «Organisch Bauen». In: Institut für leichte Flächentragwerke: Mitteilungen, Nr. 6. Berlin 1959

Frei Otto (Hrsg.): Zugbeanspruchte Konstruktionen. Berlin 1962

Frei Otto. In: Institut für leichte Flächentragwerke: Mitteilungen, Nr. 14. Stuttgart 1975

Frei Otto: Natürliche Konstruktionen – Formen und Konstruktionen der Natur und Technik und Prozesse ihrer Entstehung. Stuttgart 1982

Frei Otto: IL24 – Prinzip Leichtbau. Stuttgart 1997

Frei Otto in einem Interview des Süddeutschen Rundfunks [1981]. In: Winfried Nerdinger (Hrsg.): Frei Otto. Das Gesamtwerk. Berlin 2005

Dimitrios Pikionis: «A Sentimental Topography» [1933]. Zitiert nach Kenneth Frampton: Grundlagen der Architektur. Studien zur Kultur des Tektonischen. München/Stuttgart 1993

Jean Prouvé / Benedikt Huber / Jean-Claude Steinegger (Hrsg.): Jean Prouvé. Zürich 1971

Mario Rinke: Vom Konstrukt zum Typus: Der Wandel der strukturellen Form von Tragwerken im 18. und 19. Jahrhundert. Berlin 2016

Aldo Rossi: Die Architektur der Stadt (Bauwelt Fundamente Band 41). Düsseldorf 1973

Andrew L. Russell: «Modularity: An Interdisciplinary History of an Ordering Concept». In: Information & Culture, Nr. 3, 2012

Carlo Scarpa: «lezione sulla Gipsoteca di Possagno, 13 gennaio 1976». In: Rassegna, 7. Juli 1981

Jörg Schlaich: «Leichtbau». In: Stahlbau, Nr. 3, 2000
Fritz Schumacher: Das Wesen des neuzeitlichen Backsteinbaus [1920]. München 1985

Eduard F. Sekler: «Struktur, Konstruktion und Tektonik». In: György Kepes (Hrsg.): Struktur in Kunst und Wissenschaft. Brüssel 1967

«Álvaro Siza im Gespräch mit Luigi Snozzi …». In: Du, Nr. 57, 1997

Alvaro Siza: «Abhandlung über das Verhältnis zwischen Entwurf und Bauwerk» [1995]. In: Kenneth Frampton: Álvaro Siza. Das Gesamtwerk. München 1999

Werner Sobek: «Zum Entwerfen im Leichtbau». In: Bauingenieur, Nr. 70, 1995, S. 323–329

Wolfgang Jean Stock (Hrsg.): Hans Döllgast. Schöpferische Wiederherstellung. München 2018

Uwe Teutsch: Tragverhalten von Tensairity Trägern. Dissertation ETH Zürich. Zürich 2009

Jos Tomlow: «Konrad Wachsmann's Use of Log Building Traditions in Modern Architecture. Wood housing of the Christoph & Unmack firm (Niesky, Soxony)». In: Docomomo Journal, 1. August 2000

VDI ZRE: Kurzanalyse Nr. 2 – Ressourceneffizienz der Tragwerke. Berlin 2013

Eugène Emmanuel Viollet-le-Duc: Dictionnaire raisonné de l'architecture française du XIe au XVIe siècle (Band 4). Paris 1868

Konrad Wachsmann: Holzhausbau: Technik und Gestaltung. Basel/Boston/Berlin 1995 [1930]

Konrad Wachsmann: Wendepunkt im Bauen. Hamburg 1962

Victoria Watson: «On the Matter and Intelligence of the Architectural Model: Arthur Schopenhauer's Psychophysiological Theory of Architecture and Konrad Wachsmann's Design of a Space Structure». In: ARENA – Journal of Architectural Research, Nr. 2 (1), 2017

Ludwig Wittgenstein: Tractus Logico-Philosophicus. London 1922

Colin St John Wilson: «Sigurd Lewerentz. The sacred buildings and the sacred sites. In: Essential Architecture – OASE, Nr. 45/46, 1997

Vorwort
6: Dieter Geissbühler

Durchdringung als Bedingung
8, 9o, 9u, 10: Dieter Geissbühler

Material als Landschaft
12, 15, 16, 20o, 20u, 22o, 22u, 24o, 24u, 26o, 27: Dieter Geissbühler
18: Wikipedia
19o: Staatsarchiv Uri
19u: http://images.pxlpartner.ch.s3.amazonaws.com/n76107/images/detailluzernbig/03_oberholz_agrar_wildheuen-1-1-1.jpg
20m: http://www.greppen.ch/de/portrait/geschichte/
21o: https://www.tate.org.uk/art/artworks/turner-lake-lucerne-the-bay-of-uri-from-above-brunnen-sample-study-d36216
21m: https://www.rigirama.ch/1600.php
21u: https://www.ricardo.ch/de/a/ruetli-und-die-mythen-um-1920-1077906626/
25: https://miesarch.com/work/1733

Vermächtnisse
28, 29, 30, 31o, 31m, 32o: Dieter Geissbühler
31u: Nita Petersen Bjørn, architekturbibliothek.ch
32u, 33: Oliver Dufner

Konstruktion zwischen Funktion und Fiktion
34, 35, 36, 37, 47o, 52, 53, 59: Dieter Geissbühler
38, 39: Benedikt Huber / Jean-Claude Steinegger (Hrsg.): Jean Prouvé – Architektur aus der Fabrik. Zürich 1971
41: The Architectural Review, S. 173–175, 1961
42–46: https://patents.google.com/patent/US2491882
47u, 48: Annie Blackadder
49: Public Domain / Hermann Rode
50: http://www.rolandbernath.ch/portfolio/?haus-perret-paris
51o: Josef Abram: Auguste Perret. Gollion 2010, S. 13
51m, 51u: http://www.umanitoba.ca
54o: Michael Gaenssler et al: Hans Döllgast. 1891–1974. München 1988
54m: Stock 2018
54u: Heinrich Klotz: Vision der Moderne. Das Prinzip Konstruktion. München 1986
55: Christoph Wieser
56o: www.flickr.com / seier+seier
56m: www.divisare.com / Åke E:Son Lindman
56u: www.doppiozero.com
57, 58: Uli Herres

Durchdringung in der Architekturlehre
60–62: Dieter Geissbühler
63o: Roman Hutter
63u: Pepita Bernasconi
64: Irene Meissner / Eberhard Möller: Frei Otto – forschen, bauen, inspirieren.
DETAIL Special. München 2015, © Schlaich
66o: © Atelier Warmbronn, Frei Otto
66u: Annette Bögle et al. (Hrsg.): leicht weit. München / Frankfurt a.M. 2003
67o: Nerdinger 2005
67u: Nerdinger 2005 (Tanzbrunnenzelt); © Atelier Warmbronn, Frei Otto (Vierpunktzelt)
68o: Alan Holgate: The Art of Structural Engineering. Stuttgart/London 1997
68m, 68 u: Bögle 2003
69o: © Atelier Warmbronn, Frei Otto (Seifenhautmodell); Nerdinger 2005 (Inspirationsmodell)

69m, 69u: Nerdinger 2006 (Messmodell; Deutscher Pavillon)
69 ganz unten: © Atelier Warmbronn, Frei Otto
70o: © picture-alliance/dpa (Olympiapark, Foto); Winfried Nerdinger (Hrsg.): Frei Otto. Das Gesamtwerk.
Berlin 2005 (Skizze)
70m: Nerdinger 2006 (Olympiadächer, Foto); Bögle 2003 (Isometrie)
70u: nach Schlaich 2000
71o: Nerdinger 2006
71u: Nerdinger 2006 (Modelbau); Meissner/Möller 2015 (Multihalle)
72o: © Werkarchiv Frei Otto im Südwestdeutschen Archiv für Architektur und Ingenieurbau (saai)
72m: Eberhard Möller
72u: © Atelier Warmbronn, Frei Otto
73o: © Schlaich Bergermann und Partner
73u: Nerdinger 2006
74o: © Atelier Warmbronn, Frei Otto
74u: Uwe Teutsch

Zur Bedeutung der Konstruktion in der Architektur
78: Lukas Galantay
81: Dieter Geissbühler

Prof., Dr. sc. tech., Dipl.-Architekt ETH BSA SIA   OLIVER DUFNER
Hauptamtlicher Dozent Hochschule Luzern – Technik & Architektur
Geschäftsführer Burkard Meyer Architekten

Lehrbeauftragter Hochschule Luzern – Technik & Architektur   CHRISTOPH FLURY
Mitinhaber Flury Furrer Architekten

Dr. Ing. ETH, Dipl.-Ing., Architekt   ULI HERRES
Ehemaliger wiss. Mitarbeiter Hochschule Luzern – Technik & Architektur
Mitinhaber Herres & Pape Architekten

Master of Arts in Architektur HSLU   CHARLOTTE HUSTINX
Ehemalige Master-Studentin Hochschule Luzern – Technik & Architektur
Mitarbeiterin Büro Käferstein & Meister Architekten

Prof., Dipl.-Architekt ETH BSA SIA   JOHANNES KÄFERSTEIN
Leiter Institut Architektur der Hochschule Luzern – Technik & Architektur
Inhaber Käferstein & Meister Architekten

Dipl.-Ing., Innenarchitektin FH Rosenheim   ANDREA KUHN TSCHUPPERT
Ehemalige wiss. Mitarbeiterin Hochschule Luzern – Technik & Architektur
Inhaberin Tschuppert Architekten

Master of Arts in Architektur HSLU   STEFAN KUNZ
Ehemaliger Student, wiss. Mitarbeiter, Co-Leiter ITC Raum & Gesellschaft und
Co-Leiter CAS Baukultur Hochschule Luzern – Technik & Architektur

Prof., Dipl.-Ing., Bauingenieur, Bauhausuniversität Weimar
Ehemaliger Dozent Hochschule Luzern – Technik & Architektur,
Gastprofessor University of Antwerp

MARIO RINKE

Prof., Dipl.-Ing., Bauingenieur, TU Stuttgart
Hauptamtlicher Dozent Hochschule Luzern – Technik & Architektur
Inhaber Tragstatur – Büro für Tragwerksplanung,

UWE TEUTSCH

Dipl.-Architekt FH, HSLU
Ehemaliger Lehrbeauftragter und Assistent Hochschule Luzern –
Technik & Architektur
Geschäftsführer und Inhaber Tschuppert Architekten

DANIEL TSCHUPPERT

Dipl.-Architekt ETH BSA SIA
Hauptamtlicher Dozent Hochschule Luzern – Technik & Architektur
Geschäftsführer studiowearchitetti

FELIX WETTSTEIN

Dr., Dipl.-Architekt ETH, Architekturtheoretiker
Dozent Hochschule Luzern – Technik & Architektur
Geschäftsführer Büro für Architekturtheorie

CHRISTOPH WIESER

DIETER GEISSBÜHLER
Prof., Dipl. Architekt ETH SIA BSA SWB

Dieter Geissbühler ist tätig in den Bereichen Architektur, Städtebau, Architek-
turkritik/Publizist, Lehre und Forschung. Von 1989 bis 2005 führte er als Partner
zusammen mit Hans Cometti (bis 1995), Alexander Galliker und Teo Rigas
(seit 2003) ein eigenes Büro. Heute hat er zusammen mit Gerlinde Venschott
ein eigenes Architekturbüro in Luzern. Neben klassischer Projektarbeit, meist
im Umfeld anspruchsvoller Bauaufgaben in historischem Kontext, umfasst seine
Praxis Beratungs- und Expertenmandate wie auch eine umfangreiche Jury- und
Gutachtertätigkeit. Zudem war er Präsident der Sektion Waldstätte des SIA und
Präsident der Sektion Schweiz der Union International des Architectes.
Nach Lehrerfahrungen an der ETH Zürich bei Prof. Flora Ruchat-Roncati (in
Architektur und Entwurf) von 1984 bis 1995 und bei Prof. Dr. André Corboz
(in Städtebaugeschichte) von 1990 bis 1992 war er 2000–2020 hauptamtlicher
Dozent an der Hochschule Luzern – Technik & Architektur. Er war am Institut
für Architektur an der Neukonzeption der Studiengänge Bachelor und Master
im Rahmen der Bologna-Reform beteiligt. In der Lehre betreute er u.a. als Ver-
antwortlicher den Fokus Material mit Projektarbeiten im Master in Architektur.
Daneben forscht er im Kompetenzzentrum Technologie und Planung (CCTP)
mit den Schwerpunkten Materialität, konstruktive Systeme und Baukultur. Zur-
zeit leitet er zudem (zusammen mit Stefan Kunz) das Weiterbildungsangebot
CAS Baukultur.

Vorab geht mein Dank an Gerlinde, Emilia und Maurus: als Rückhalt schlecht-hin und weil sie immer daran erinnern, worum es in der Architektur gehen muss; und für das Feld der Architektur an meine leider verstorbene Mentorin Flora Ruchat-Roncati. Ihr Vertrauen und ihre Offenheit waren der wohl umfassendste Einfluss auf meinen architektonischen Werdegang in der Lehre, aber auch in der Praxis. Sie ist auch die grosse Lücke in diesem Buch, aber diesen Text zu schreiben, ist für mich bis heute noch nicht möglich.

Für den fruchtbaren Diskurs danke ich meinen Kolleginnen und Kollegen:
- an der ETH Zürich, insbesondere dem gesamten Team am Lehrstuhl von Flora Ruchat-Roncati und am Lehrstuhl von André Corboz;
- im Büro an der Gibraltarstrasse in Luzern, Cometti Galliker Geissbühler Architekten, dann Galliker Geissbühler und Partner Architekten;
- an der HTL und der HTA, heute Hochschule Luzern – Technik & Architektur.
Hier an der Hochschule fand ich von Anfang an die Bereitschaft zur Zusammen-arbeit und zum Austausch weit über das Institut Architektur und das Departement hinaus. Hier gab es aber auch den nötigen Freiraum, um sich selbst einbringen zu können. Dazu haben ganz viele Dozierende, Assistierende und wissenschaftliche Mitarbeiterinnen und Mitarbeiter beigetragen – in unzähligen Gesprächen, seriöser oder auch humorvoller Natur, vorbereitet oder spontan. Ich danke diesem Um-feld, das dem Kollektiv den Vorzug gegeben hat und immer wieder auf der Suche nach gemeinsamen Wegen war und ist. In dem Zuge gilt ein ganz grosser und herzlicher Dank allen Studierenden, die ich betreuen durfte. Es hat immer Freude gemacht, war eine immense Bereicherung; und als Lehrer stellt man irgendeinmal fest, dass man wohl mindestens gleich viel von den Studierenden lernt wie um-gekehrt. Da wäre sie dann wieder – die Durchdringung.

Und natürlich danke ich für die Beiträge zum Buch und zum Kolloquium, na-mentlich: Heike Biechteler, Oliver Dufner, Christoph Flury, Uli Herres, Christian Hönger, Charlotte Hustinx, Johannes Käferstein, Bernhard Klein, Andrea Kuhn, Stefan Kunz, Mario Rinke, Lando Rossmaier, Joseph Schwartz, Viktor Sigrist, Uwe Teutsch, Daniel Tschuppert, Stanislaus von Moos, Felix Wettstein, Christoph Wieser.

Nicht zuletzt geht mein Dank an den Quart Verlag, Luzern, insbesondere an Linus Wirz, und an Miriam Seifert-Waibel für ein umsichtiges Lektorat – sowie an alle, die das Projekt finanziell unterstützt haben.

FINANZIELLE UND IDEELLE UNTERSTÜTZUNG
Ein besonderer Dank gilt den Institutionen und Sponsorfirmen,
deren finanzielle Unterstützungen wesentlich zum Entstehen dieser
Buchreihe beitragen. Ihr kulturelles Engagement ermöglicht ein
fruchtbares und freundschaftliches Zusammenwirken von Baukultur
und Bauwirtschaft.

 Schweizerische Eidgenossenschaft
Confédération suisse
Confederazione Svizzera
Confederaziun svizra

Eidgenössisches Departement des Innern EDI
Bundesamt für Kultur BAK

 Stiftung für Innovation und Technische Ausbildung

DURCHDRINGUNG ALS BEDINGUNG
6. Band der Reihe Laboratorium
Herausgeber: Hochschule Luzern – Technik & Architektur;
Johannes Käferstein, Dieter Geissbühler
Konzept: Hochschule Luzern – Technik & Architektur; Quart Verlag
Projektleitung: Quart Verlag, Linus Wirz
Autor: Dieter Geissbühler
Textbeiträge: Oliver Dufner, Christoph Flury, Uli Herres,
Charlotte Hustinx, Johannes Käferstein, Andrea Kuhn, Stefan Kunz,
Mario Rinke, Uwe Teutsch, Daniel Tschuppert, Felix Wettstein,
Christoph Wieser
Vorwort: Viktor Sigrist
Textlektorat: Miriam Seifert-Waibel, Hamburg
Redesign und Layout: Redesign: BKVK, Basel – Beat Keusch,
Vanessa Serrano
Grafische Umsetzung: Quart Verlag
Lithos: Printeria, Luzern
Druck: DZA Druckerei zu Altenburg GmbH

Quart Verlag GmbH
Denkmalstrasse 2, CH-6006 Luzern
books@quart.ch, www.quart.ch

LABORATORIUM

Laboratorium, ein Ort der Wissenschaft, an dem reflektiert, aber vor allem praktisch gearbeitet und experimentiert wird. Die Reihe dient damit nicht nur der Überprüfung, sondern auch der Darstellung von Ideen und Theorien, kurz – eine Forschungsstätte. Denn *laborare* umschreibt neben *arbeiten* auch *sich bemühen*, eine ergebnisoffene Tätigkeit, die dem Forschen nahekommt.

books@quart.ch, www.quart.ch